法人税

別表四、五（一）の
申告調整の実務

第3集

自己株式の取引

税理士
野原 武夫 著

一般財団法人 大蔵財務協会

はしがき

　別表四及び五（一）における申告調整は、企業会計の処理と、法人税の処理の相違を明らかにするとともに、所得金額、利益積立金額を計算するもので、申告書別表作成の要となるものです。

　特に、別表五（一）における各事業年度の利益積立金額の計算は、翌期以降の所有株式の譲渡損益、みなし配当、源泉所得税の計算等にも影響を及ぼし、ひいては法人の解散・清算における株主への分配の基礎ともなるものです。

　申告調整の実務は、各事業年度における租税公課の処理から、会社再編時における取扱いまで多岐に亘るものでありますが、中小法人から海外展開をする大法人まで、実務家の皆様から様々なお問い合わせをいただいてきたところです。そこで、益々複雑となる税務への負担を少しでも和らげることに繋げていただければと考え「法人税　別表四、五（一）の申告調整の実務」シリーズとして刊行することといたしました。

　このように本書の目的は、この申告調整の実務をわかりやすく解説することにあります。そのため以下のような点に重きをおいて記述しています。

　①　設例と解説を簡潔に記載
　②　会社処理、税務処理、修正処理を明確に区分するとともに根拠法令を明示
　③　会社処理と修正処理を別表四、五（一）に→で図示
　④　原則として消費税と源泉所得税は省略
　⑤　別表四、五（一）の検算を図示
　⑥　巻末に関係法令を掲載

　また、第3集では発行会社における自己株式の取得、譲渡、消却など様々な取引が介在しますので、その多々ある取引について整理しています。

　自己株式の取引は発行会社と株主の取引です。株主は個人と法人があります。株式の売買は譲渡ですから一般的には譲渡所得の課税関係ですが、平成13年の税制改正によってこれが大きく変わりました。非常にわかりにくいのですが株主においては、「みなし配当」と「有価証券譲渡損益」という課税関係が発生することとなりました。このことにより様々なトラブルが課税当局と納税者との間に生じ、これが訴訟にまで発展し、更にそれらを補完するように税制改正が行われて今日に至っています。この本では、低額取引、高額取引などまだ見解が統一されていない分野にまで踏み込んで整理してありますので、具体的な処理に当たっては各専門家の先生方に相談の上、対応されるようお願いします。

　本書が税務に携わる方々のお役に立てば幸いです。また、本書における個人的見解による解説等については読者の皆様の判断でご活用いただきますようよろしくお願いいたします。出版にあたり、一般財団法人大蔵財務協会の方々からご協力いただいたことに対し深く感謝いたします。

令和5年1月

税理士　野原　武夫

〔凡　例〕

① 本書の解説中、仕訳処理の科目は以下のように使い分けています。
　（会社処理）‥‥‥会社が実際に行っている会社処理です。
　（税務処理）‥‥‥その事業年度における税務上の益金、損金、資産、負債の計上時
　　　　　　　　　　期に係る会計処理です。
　（修正処理）‥‥‥（会社処理）と（税務処理）の差異です。

② 本書で使用する主な用語の定義等は、以下のとおりです。
　・（B/S）‥‥‥‥‥‥‥‥‥‥‥‥‥‥貸借対照表（Balance Sheet）
　・（P/L）‥‥‥‥‥‥‥‥‥‥‥‥‥‥損益計算書（Profit Loss Account）

③ 本書で使用する主な法令等の略称は、以下のとおりです。
　法法‥‥‥‥‥‥‥‥法人税法
　法令‥‥‥‥‥‥‥‥法人税法施行令
　法規‥‥‥‥‥‥‥‥法人税法施行規則
　措法‥‥‥‥‥‥‥‥租税特別措置法
　措令‥‥‥‥‥‥‥‥租税特別措置法施行令
　会法‥‥‥‥‥‥‥‥会社法
　会規‥‥‥‥‥‥‥‥会社法施行規則
　所法‥‥‥‥‥‥‥‥所得税法
　法基通‥‥‥‥‥‥‥法人税基本通達

本書は令和 4 年 12 月 1 日現在の法令等に基づいて解説しています。

目　次

はじめに　申告調整を正しく理解するために

第1章　自己株式の取引

第2章　参考法令

はじめに

申告調整を
正しく理解するために

1 本書の活用に当たっての注意事項

① 本書の目的が申告調整の仕方の理解にあるため、できる限り複雑にならない設例を採用しています。

② 別表四の「当期利益又は当期欠損の額」は、損益計算書の「当期純利益（税引後利益）」を記載しています。

③ 別表四は原則として当期純利益が０円からスタートして申告調整しています。

④ 源泉所得税及び消費税は、申告調整の理解を目的としているため原則として省略しています。

⑤ 別表四及び別表五（一）等への表示方法は、矢印 ➡ で記載箇所を示すことにより理解できるようにしています。

1. 申告書の別表四と別表五（一）の機能と申告調整

　企業会計上の所得計算と税務上の所得計算とは必ずしも一致するものではありません。法人税の所得計算は、企業会計上の当期利益（税引後利益）を基礎として法人税所定の事項を加算・減算して課税標準である所得金額を算出することになっています。

　加算・減算するために使用する申告書別表は、①別表四（所得の金額の計算に関する明細書）と②別表五（一）（利益積立金額及び資本金等の額の計算に関する明細書）です。

　この加算・減算のことを申告調整といいます。

2. 別表四の作成目的

　別表四は、企業会計上の損益計算書（P/L）に相当するものです。これは企業会計上の当期純利益（税引後利益）を基礎として、税法所定の事項について申告調整を行って課税標準である「所得金額」を計算するために作成します。

ポイント

① 会社が損益計算書（P/L）で使用している科目で表示します。

② 同一科目で項目が幾つもある場合は合計額で記載し、内訳は別葉で保管します。
---

3. 別表五（一）の作成目的

　別表五（一）は、企業会計上の貸借対照表（B/S）に相当するものです。これは①「Ⅰ　利益積立金額の計算に関する明細書」と②「Ⅱ　資本金等の額の計算に関する明細書」とに分かれており、期中の変動状況を明らかにして期末の利益積立金額及び資本金等の額を計算するために作成します。この期末の利益積立金額等の累積額が法人の解散・清算時において、たとえば株主においてみなし配当又は所有株式の譲渡損益の基礎データとなりますので、非常に重要な別表となります。

ポイント

① 　会社が貸借対照表（B/S）で使用している科目で表示します。

② 　同一科目で項目が幾つもある場合は合計額で記載し、内訳は別葉で保管します。

---

2 申告調整の仕方

　申告調整は、会社の経済取引について行った（会社処理）を基礎にして、（税務処理）では会社処理と同じであるのか異なるのかを明らかにし、会社処理と税務処理との差異を（修正処理）で表示します。したがって、この修正処理を別表四及び別表五（一）に反映させる技術的作業が申告調整です。

1. 第一ステップ（会計処理との差異）の処理

　この処理は、会計上の「損益処理」、「計上時期」及び「金額」が税務と一致しているかどうかを明らかにし、差異を求めるものです。

① （会社処理）は、会社が実際に行っている会計処理です。

② （税務処理）は、その年度において税務上の益金であるのか？ 損金であるのか？、又は、資産であるのか？、負債等であるのか？ を明らかにし、計上すべき金額を適正額で表示します。その際、仕訳の横に法令根拠条文を明示してありますので確認していただきたいところです。法人税法上の損益は益金又は損金で認識しますが、本書ではわかりやすくするため会社処理で使用している会計科目を使用します。

③ （修正処理）は、単純に（会社処理）と（税務処理）の差異です。会社処理、税務処理、修正処理は、それぞれ科目に（B/S）、（P/L）と表示してありますが、貸借科目（B/S）は別表五（一）、損益科目（P/L）は別表四とそれぞれに該当するということを意味していますので意識して処理してください。

2. 第二ステップ（別段の定め）の処理

　この処理は、法人税法上の固有の調整、たとえば、役員給与の損金不算入のように「別段の定め」が多々あります。そのため別途、加算又は減算するものですが、ほとんどは別表四において流出処理が多いです。中には租税公課の処理のように留保処理し別表五（一）に反映させるものがあります。

　次ページは申告調整の仕方について、Qを使ってイメージ図で解説しています。この要領でおおむね本書ができていますので、しっかり理解を深めていただければと思います。

Q

　当期の決算締後に売上の計上もれ 300,000（原価は既に計上済）があった場合は、次のように別表四、別表五（一）に反映させます。

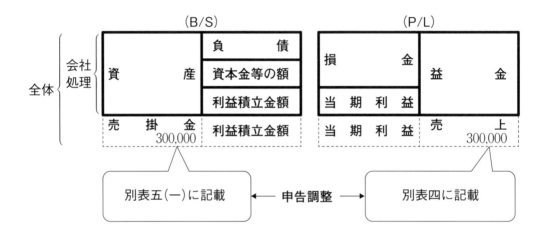

（会社処理）	なし				
（税務処理）	**売掛金**（B/S）	300,000	**売上**（P/L）	300,000
（修正処理）	**売掛金**（B/S）	300,000	**売上**（P/L）	300,000

3. 別表四と別表五（一）との検算の重要性

　別表四の所得金額の計算及び別表五（一）の期末残高の計上が適正に行われているかどうかは、この検算式により確認できます。別表五（一）の「利益積立金額」及び「資本金等の額」の期末残高は、翌期へ的確に引き継がなければならない重要な作業となります。また、別表五（一）の期末残高は、①みなし配当、②寄附金等の損金算入限度額、③地方税の均等割、④清算分配等の計算基礎になりますので大変重要な作業となります。

《別表四と別表五（一）との検算》

（算式）

$$\begin{array}{c}\text{別表四}\\\text{留保総計}\\\text{「52」②}\end{array} + \begin{array}{c}\text{別表五（一）}\\\text{期首現在利益積立金額合計}\\\text{「31」①}\end{array} + \begin{array}{c}\text{中間分、確定分法人税、}\\\underline{\text{県市民税の合計額}}\\\text{(注)}\end{array}$$

　＝　**別表五（一）差引翌期首現在利益積立金額合計「31」④**

(注)　中間分、確定分法人税、県市民税の合計額は、別表五（一）では予め△表示されていますので、そのままマイナスとして計算します。また、**Q** における申告調整の検算において、租税公課に影響がないところは省略して表示しています。

Q

売上計上もれ（売掛金）

　設立事業年度の財務状況は、次のとおりでした。決算期末において、売上 300,000 の計上もれ（原価は既に計上済）がありました。申告調整は、次のように行います。

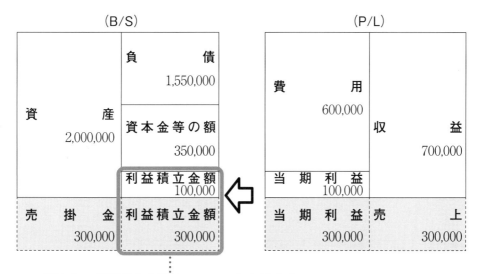

※　税務上の利益積立金額は400,000 となります。

　会社処理、税務処理、修正処理で説明します。

（会社処理）

費用 （P/L）	600,000	収益 （P/L）	700,000
利益積立金額(B/S)	100,000		

（税務処理）

費用 （P/L）	600,000	収益 （P/L）	700,000
利益積立金額(B/S)	100,000		
売掛金 （B/S）	300,000	売上 （P/L）	300,000

（修正処理）

売掛金 （B/S）	300,000	売上 （P/L）	300,000

（会社処理）
費用（P/L）　　　600,000　┐収益（P/L）　700,000┐
利益積立金額（B/S）　100,000

（修正処理）
売掛金（B/S）┌300,000　売上（P/L）　300,000┐

別表四　所得の金額の計算に関する明細書

区　　分		総　　額	処　　　　分			
			留　保	社	外　流　出	
		①	②		③	
当期利益又は当期欠損の額	1	100,000	100,000	配　当		
				その他		
加算　売上計上もれ		300,000	300,000			
所得金額又は欠損金額	52	400,000	400,000	外　※		

別表五（一）　Ⅰ　利益積立金額の計算に関する明細書

区　　分		期首現在利益積立金額	当期の増減		差引翌期首現在利益積立金額 ① － ② ＋ ③
			減	増	
		①	②	③	④
利益準備金	1				
売掛金				300,000	300,000
繰越損益金（損は赤）	25			100,000	100,000
差引合計額	31	0	0	400,000	400,000

《別表四と別表五（一）との検算》
（算式）

別表四
留保総計「52」②
（400,000）
＋
別表五（一）
期首現在
利益積立金額合計「31」①
（0）
＝
別表五（一）
差引翌期首現在
利益積立金額合計「31」④
（400,000）
… 検算一致

※　税務上の利益積立金額が 400,000（前ページ図）となることに注目。

3 資本等取引がある場合の申告調整の仕方（難解）

　合併、分割、現物出資等の組織再編が行われた場合、また、みなし配当事由である資本の払戻し、自己株式の取得等が行われた場合には、「資本金等の額」及び「利益積立金額」の異動が生じます。この異動は「資本等取引」といわれ、複雑な申告調整作業を余儀なくされ決して避けることはできません。

　資本等取引が係わる申告調整には、2つの方法があるかと思われます。これを「第1法」（著作者方式）及び「第2法」と称して解説します。どちらの方法で申告調整するかは各法人の選択によります。

○　第1法は損益取引である「利益積立金額」を通じての処理です。従前の別表五（一）の調整方法を踏襲したもので、本書はこの方法を使用しています。

○　第2法は資本等取引である「資本金等の額」を通じての処理です。この方法は、類書の解説で採用しています。

　自己株式の取得があった場合、「みなし配当」として減算（留保）、同額を加算（流出）という申告調整が必要となります。何故そのようにしなければならないかを理解していただければと思います。

自己株式の取得の（B/S）のイメージ図
資産が減少し、同時に資本金等の額と利益積立金額が按分計算により減少します。

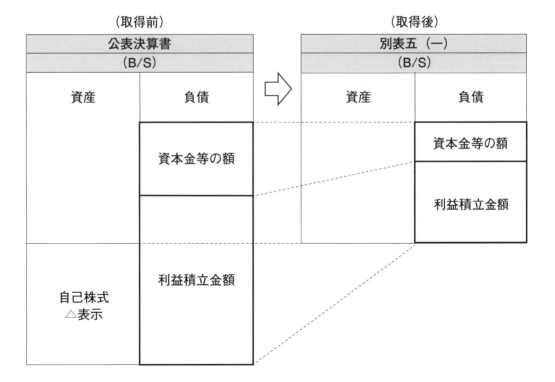

利益剰余金による支出は費用認容しなければならない

　まずは、自己株式の取得における申告調整の考え方の理解として、「修繕費」を利益剰余金で処理した場合を事例として解説します。

　現状の貸借対照表（B/S）と損益計算書（P/L）は次のとおりです。利益が 100 であったとして、これに修繕費 100 の支出があると利益は 0 となります。2 つのケースで比較検証します。

　　ケース 1　修繕費を損金経理で処理した場合
　　ケース 2　修繕費を利益剰余金で処理した場合

　　　　　〈前提〉

ケース 1　修繕費を損金経理で処理した場合

（会社処理）

| 修繕費（P/L） | 100 | 現金（B/S） | 100 |

（イメージ図）

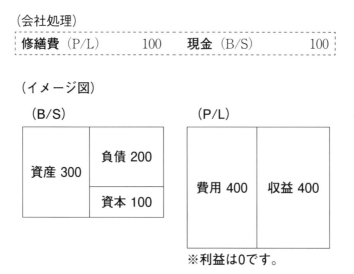

　その結果、利益は 0（収益 400 − 費用 400）となり利益積立金額は 0 となります。

ケース2 修繕費を利益剰余金で処理した場合

（会社処理）
利益剰余金（B/S）　　100　　現金（B/S）　　　　100

（イメージ図）

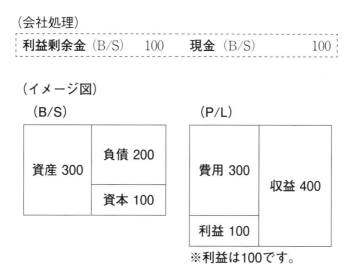

その結果、利益は100のままで利益積立金額0となります。ケース1と比較すると利益（所得）100に差が生じています。したがって、次のとおり申告調整しなければなりません。

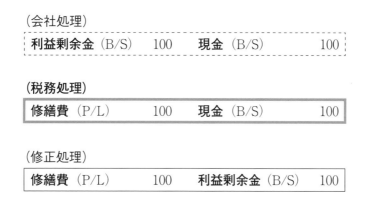

（修正処理）を別表四及び別表五（一）に反映させます。
①　別表四は「修繕費計上もれ」として100減算（留保）します。
②　別表五（一）は資産、負債がありませんので申告調整不要となります。

自己株式の取得があった場合、このように利益剰余金による支出があり「みなし配当」として処理することになります。したがって税務上、一旦費用認容（減算・留保）したうえで申告調整することになります。

修繕費を利益剰余金で処理した場合の申告調整

（会社処理）　　　　　　　　　　　　　　（修正処理）

利益剰余金 (B/S) 100	現金 (B/S)	100

修繕費 (P/L)	100	利益剰余金 (B/S) 100

別表四　所得の金額の計算に関する明細書

区　　　分		総　　額	処　　　　分			分
			留　保	社　外	流　　出	
		①	②		③	
当期利益又は当期欠損の額	1	100	100	配　　当		
				その他		
減算　修　繕　費　認　容		100	100			
所得金額又は欠損金額	52	0	0	外　※		

別表五（一）　I　利益積立金額の計算に関する明細書

区　　　分		期首現在利益積立金額	当　期　の　増　減		差引翌期首現在利益積立金額 ① − ② + ③
			減	増	
		①	②	③	④
利　益　準　備　金	1			△100	△100
資　本　金　等　の　額					
繰　越　損　益　金（損は赤）	25			100	100
差　引　合　計　額	31	0	0	0	0

《別表四と別表五（一）との検算》
（算式）

別表四　　　　　　　　別表五（一）　　　　　　　別表五（一）
留保総計「52」②　＋　期首現在　　　　　＝　　差引翌期首現在　　　　… 検算一致
（0）　　　　　　　　利益積立金額合計「31」①　　利益積立金額合計「31」④
　　　　　　　　　　　（0）　　　　　　　　　　　（0）

自己株式の取得に係る「みなし配当」を別表四で減算（留保）、加算（流出）することの理由（みなし配当を費用として認識する）

　自己株式の取得があると利益積立金額と現金の減少が生じます。

　利益積立金額による現金支出は、「みなし配当」として一旦「損益取引」（費用）と認識し、それを別段の定めで損金不算入とすることを意味します。これが別表四における「みなし配当」の減算（留保）、加算（流出）の申告調整です。したがって、利益積立金額取崩しによる「みなし配当」は、費用認容（別表四減算・留保）し、別段の定め（法法22⑤）により損金不算入（別表四減算・流出）する申告調整を行うことになります。損金経理による現金支出も利益積立金額取崩しによる現金支出も結果は同じとなります。

　平成13年の税制改正前の旧法人税法第35条《役員賞与等の損金不算入》及び第37条《寄

附金の損金不算入》においては、利益処分による支出を損金不算入としていました。これは「別段の定め」の規定を置くことにより損金不算入としていたものです。別段の定めがなければ損金算入となります。このことから、たとえば株主総会の決議等によりその額が具体的に確定した事業年度において、役員退職積立金を取り崩して現金支出があった場合は、損金算入することになります。

（参考）

平成 13 年度税制改正前の旧法人税法

（役員賞与等の損金不算入）

第 35 条

3　内国法人が、各事業年度においてその使用人に対し賞与を支給する場合において、その賞与の額につきその確定した決算において利益又は剰余金の処分による経理（利益積立金額をその支給する賞与に充てる経理を含む。）をしたときは、その経理をした金額は、その内国法人の各事業年度の所得の金額の計算上、損金の額に算入しない。

（寄附金の損金不算入）

第 37 条　内国法人が、各事業年度において寄附金を支出した場合において、その寄附金の額につきその確定した決算において利益又は剰余金の処分による経理（利益積立金額をその支出した寄附金に充てる経理を含む。）をしたときは、第 3 項各号（同項第 3 号を第 5 項において読み替えて適用する場合を含む。）に規定する寄附金の額を除き、その経理をした金額は、その内国法人の各事業年度の所得の金額の計算上、損金の額に算入しない。

法人税法

（各事業年度の所得の金額の計算）

第 22 条

5　第 2 項又は第 3 項に規定する資本等取引とは、法人の資本金等の額の増加又は減少を生ずる取引並びに法人が行う利益又は剰余金の分配（資産の流動化に関する法律第 115 条第 1 項（中間配当）に規定する金銭の分配を含む。）及び残余財産の分配又は引渡しをいう。

4　相対取引による自己株式の取得の申告調整、第1法と第2法

1. 第1法の処理について

Q

　発行法人は株主から相対取引により発行法人の株式（自己株式）を200で取得しました。会社処理は次のとおりです。申告調整は、次のように行います。

（会社処理）

自己株式 (B/S)	200	現金 (B/S)	200

（税務処理）

　自己株式の取得は、税務上、利益積立金額の減少（みなし配当）と資本金等の額の減少（自己株式の譲渡対価）となります（みなし配当の額は150と仮定します）（法法24①五、法令8①二十、9①十四）。

　みなし配当の額は、費用として損金算入します（以下同様）。

（税務処理）

みなし配当 (P/L)	150	現金 (B/S)	200
資本金等の額 (B/S)	50		

（修正処理）

　会社処理と税務処理とを比較しますと、処理に差異が生じていますので修正処理する必要があります。

（修正処理）

みなし配当 (P/L)	150	自己株式 (B/S)	200
資本金等の額 (B/S)	50		

　「第1法」の利益積立金額を通じて処理するため次のとおり分解します。

分解

（修正処理）

みなし配当（P/L）	150	自己株式（B/S）	150
利益積立金額（B/S）	50	自己株式（B/S）	50
資本金等の額（B/S）	50	利益積立金額（B/S）	50

(1) 第一ステップ（会計処理との差異）の処理

① 別表四は「みなし配当」として150減算（留保）します。

② 別表五（一）は翌期以後の貸借対照表（自己株式、利益積立金額、資本金等の額）の消去処理のため、「自己株式」として200減算します。

調整項目として、利益積立金額の計算明細は「資本金等の額」として50加算、資本金等の額の計算明細は「利益積立金額」として50減算します。この加減算は現在の企業会計処理上、解散清算するまで消去できません。

(2) 第二ステップ（別段の定め）の処理

① 利益又は剰余金の分配は、資本等取引とされています（法法22⑤）。

② 資本等取引に係るものは、損金不算入となっています（法法22③三）。

したがって、別表四は「みなし配当」として150加算（流出）します。

（会社処理）

自己株式（B/S）	200	現金（B/S）	200

（修正処理）

みなし配当（P/L）	150	自己株式（B/S）	150
利益積立金額（B/S）	50	自己株式（B/S）	50
資本金等の額（B/S）	50	利益積立金額（B/S）	50

別表四　所得の金額の計算に関する明細書

区　　分	総　額	処　　分		
		留　保	社　外　流　出	
	①	②	③	
当期利益又は当期欠損の額　1	0	0	配　当	
			その他	
加算　み　な　し　配　当	150		配　当	150
減算　み　な　し　配　当	150	150		
所得金額又は欠損金額　52	0	△150	外　※	150

別表五（一）　Ⅰ　利益積立金額の計算に関する明細書

区　　分	期首現在利益積立金額	当期の増減		差引翌期首現在利益積立金額 ①－②＋③
		減	増	
	①	②	③	④
利　益　準　備　金　1				
自　己　株　式			△200	△200
資本金等の額（自己株式）			50	50
繰越損益金（損は赤）25			0	0
差　引　合　計　額　31	0	0	△150	△150

Ⅱ　資本金等の額の計算に関する明細書

区　　分	期首現在資本金等の額	当期の増減		差引翌期首現在資本金等の額 ①－②＋③
		減	増	
	①	②	③	④
資本金又は出資金　32				
資　本　準　備　金　33				
利益積立金額（自己株式）			△50	△50
差　引　合　計　額　36	0	0	△50	△50

《別表四と別表五（一）との検算》
（算式）

別表四 留保総計「52」②（△150）＋別表五（一）期首現在利益積立金額合計「31」①（0）＝別表五（一）差引翌期首現在利益積立金額合計「31」④（△150）…検算一致

※　自己株式の取得は、有価証券に該当しないこととされ「資本金等の額」と「利益積立金額」の減少となる。

○　「第1法」（翌期）

前期取得の自己株式を第三者に 300 で譲渡しました。

（会社処理）

| 現金（B/S） | 300 | 自己株式（B/S） | 200 |
| | | その他資本剰余金（B/S） | 100 |

（税務処理）（法令8①一）

| 現金（B/S） | 300 | 資本金等の額（B/S） | 300 |

（修正処理）

| 自己株式（B/S） | 200 | 資本金等の額（B/S） | 200 |

分解

（修正処理）

| 自己株式（B/S） | 200 | 利益積立金額（B/S） | 200 |
| 利益積立金額（B/S） | 200 | 資本金等の額（B/S） | 200 |

① 　別表四の申告調整は不要です。

② 　別表五（一）は翌期以後の貸借対照表（自己株式、利益積立金額、資本金等の額）の消去処理のため、「自己株式」として 200 加算します。

　　調整項目として、利益積立金額の計算明細は「資本金等の額」として 200 減算、資本金等の額の計算明細は「利益積立金額」として 200 加算します。この加減算は現在の企業会計処理上、解散清算するまで消去できません。

（会社処理）

現金（B/S）	300	自己株式（B/S）	200
		その他資本剰余金（B/S）	100

（修正処理）

自己株式（B/S）	200	利益積立金額（B/S）	200
利益積立金額（B/S）	200	資本金等の額（B/S）	200

別表五（一）　Ⅰ　利益積立金額の計算に関する明細書

区　　　　分		期首現在利益積立金額	当　期　の　増　減		差引翌期首現在利益積立金額 ① － ② + ③
			減	増	
		①	②	③	④
利　益　準　備　金	1				
自　己　株　式		△200	△200		0
資本金等の額（自己株式）		50	200		△150
繰越損益金（損は赤）	25			0	0
差　引　合　計　額	31	△150	0	0	△150

Ⅱ　資本金等の額の計算に関する明細書

区　　　　分		期首現在資本金等の額	当　期　の　増　減		差引翌期首現在資本金等の額 ① － ② + ③
			減	増	
		①	②	③	④
資本金又は出資金	32				
その他資本剰余金				100	100
利益積立金額（自己株式）		△50	△200		150
差　引　合　計　額	36	△50	△200	100	250

《別表四と別表五（一）との検算》

（算式）

別表四
留保総計「52」②　＋
(0)

別表五（一）
期首現在
利益積立金額合計「31」①
(△150)

＝

別表五（一）
差引翌期首現在
利益積立金額合計「31」④
(△150)

…検算一致

※　自己株式の譲渡は、「資本金等の額」の増加となります（法令8①一）。

別表五（一）から自己株式が消去されて「利益積立金額」と「資本金等の額」の調整部分のみが残ります。これは会計処理で受入処理しない限り解散清算時まで残ります。

2.　第2法の処理について

　（会社処理）、（税務処理）は「第1法」と同じです。（修正処理）が「第1法」とは異なり、分解していない処理です。

（会社処理）

自己株式（B/S）	200	現金（B/S）	200

（税務処理）

みなし配当（P/L）	150	現金（B/S）	200
資本金等の額（B/S）	50		

（修正処理）

みなし配当（P/L）	150	自己株式（B/S）	200
資本金等の額（B/S）	50		

⑴　**第一ステップ（会計処理との差異）の処理**

①　別表四は「みなし配当」として150減算（留保）します。

②　別表五（一）は翌期以後の貸借対照表（自己株式）の消去処理のため、利益積立金額の計算明細は「自己株式」として150減算します。資本金等の額の計算明細は「自己株式」として50減算します。

⑵　**第二ステップ（別段の定め）の処理**

①　利益又は剰余金の分配は、資本等取引とされています（法法22⑤）。

②　資本等取引に係るものは、損金不算入となっています（法法22③三）。

　したがって、別表四は「みなし配当」として150加算（流出）します。

（会社処理）

自己株式（B/S）　200　現金（B/S）　　　200

（修正処理）

みなし配当（P/L）150　自己株式（B/S）　200

資本金等の額（B/S）　50

別表四　所得の金額の計算に関する明細書

区　　　　　分		総　額	処　　　　　分		
			留　保	社　外　流　出	
		①	②	③	
当期利益又は当期欠損の額	1	0	0	配　　当	
				そ　の　他	
加算	みなし配当	150		配　　当	150
減算	みなし配当	150	150		
所得金額又は欠損金額	52	0	△150	外　※	150

別表五（一）　Ⅰ　利益積立金額の計算に関する明細書

区　　　　　分		期首現在利益積立金額	当　期　の　増　減		差引翌期首現在利益積立金額 ①－②＋③
			減	増	
		①	②	③	④
利　益　準　備　金	1				
自　己　株　式				△150	△150
繰越損益金（損は赤）	25			0	0
差　引　合　計　額	31	0	0	△150	△150

Ⅱ　資本金等の額の計算に関する明細書

区　　　　　分		期首現在資本金等の額	当　期　の　増　減		差引翌期首現在資本金等の額 ①－②＋③
			減	増	
		①	②	③	④
資本金又は出資金	32				
その他資本剰余金	33				
自　己　株　式				△50	△50
差　引　合　計　額	36	0	0	△50	△50

《別表四と別表五（一）との検算》
（算式）

別表四
留保総計「52」②
（△150）
＋
別表五（一）
期首現在
利益積立金額合計「31」①
（0）
＝
別表五（一）
差引翌期首現在
利益積立金額合計「31」④
（△150）
… 検算一致

※　自己株式の取得により「有価証券」に該当しないこととされ「資本金等の額」と「利益積立
金額」の減少となる。

○「第2法」（翌朝）

（会社処理）

| 現金（B/S） | 300 | 自己株式（B/S） | 200 |
| | | その他資本剰余金（B/S） | 100 |

（税務処理）（法令8①一）

| 現金（B/S） | 300 | 資本金等の額（B/S） | 300 |

（修正処理）

| 自己株式（B/S） | 200 | 資本金等の額（B/S） | 200 |

（会社処理）

| 現金（B/S） | 300 | 自己株式（B/S） | 200 |
| | | その他資本剰余金（B/S）100 |

（修正処理）

| 自己株式（B/S） 200 | 資本金等の額（B/S） 200 |

別表五（一）　I　利益積立金額の計算に関する明細書

区　　分		期首現在利益積立金額 ①	当期の増減 減 ②	当期の増減 増 ③	差引翌期首現在利益積立金額 ①－②＋③ ④
利　益　準　備　金	1				
自　己　株　式			△150		△150
繰越損益金（損は赤）	25		0	0	0
差　引　合　計　額	31		△150	0	0	△150

II　資本金等の額の計算に関する明細書

区　　分		期首現在資本金等の額 ①	当期の増減 減 ②	当期の増減 増 ③	差引翌期首現在資本金等の額 ①－②＋③ ④
資本金又は出資金	32				
その他資本剰余金	33			100	100
自　己　株　式		△50	△200		150
差　引　合　計　額	36	△50	△200	100	250

《別表四と別表五（一）との検算》
（算式）

別表四 留保総計「52」② (0) ＋ 別表五（一）期首現在利益積立金額合計「31」① （△150） ＝ 別表五（一）差引翌期首現在利益積立金額合計「31」④ （△150） … 検算一致

> 利益積立金額及び資本金等の額の残額は、「第1法」と同じになりますが、区分欄の「自己株式」の表示が残ります。結果として、貸借対照表には自己株式の表示がないにもかかわらず、別表五（一）にはそのまま残ってしまいますので、将来禍根を残しかねない場合があります。

第1章

自己株式の取引

1-1 自己株式に係る会社法等及び税務上の取扱い

1. 旧商法及び会社法の変遷

　自己株式とは、株式会社が自己の発行した株式を取得した場合のその株式をいいます。自己株式の取得は平成13年6月改正前は、禁止されていました（改正前旧商法210、211）。

　平成13年6月以後は定時株主総会の決議により自己株式の取得が自由となりました（改正後旧商法210）。

　平成15年9月改正では、上場会社において、定款に定めることにより取締役会の決議による自己株式の取得も可能となりました（改正後旧商法211の3①二）。

　自己株式に関しては、会社法第155条から第179条において規定されていますが、旧商法の自己株式の取得の基本的な考え方に変更はありません。

2. 会社計算規則等（平成18年改正）

　自己株式に関しては、「自己株式及び準備金の額の減少等に関する会計基準」（以下「自己株式等会計基準」という。）及び「自己株式及び準備金の額の減少等に関する会計基準の適用指針」があり、平成18年5月に会社計算規則が施行されたこと等に伴い、次のような改正が行われました。

　自己株式を取得した場合は、取得原価をもって純資産の部の株主資本から控除することとされています（計算規則24①、自己株式等会計基準第7項）。

　期末に保有する自己株式は、純資産の部の株主資本の末尾に自己株式として一括して控除する形式で表示することとされています（自己株式等会計基準第8項）。

　自己株式を処分した場合の自己株式処分差益は、その他資本剰余金に計上することとされています（自己株式等会計基準第9項）。また、自己株式処分差損は、その他資本剰余金から減額することとされています（自己株式等会計基準第10項）。

　自己株式を消却した場合は、消却の対象となった自己株式の帳簿価額を「その他資本剰余金」から減額することとされています（計算規則24③、自己株式等会計基準第11項）。

　その他資本剰余金の残高が負の値となった場合は、「その他資本剰余金」をゼロとし、その負の値を「その他利益剰余金」（繰越利益剰余金）から減額することとされています（計算規則29③、自己株式等会計基準第12項）。

3. 税務上の取扱い

　平成13年度税制改正以後の処理は、自己株式（出資を含みます。）を取得及び処分の場面では資本等取引に準じて取り扱い、保有の場面では資産として取り扱うという二面性を有し

たものとなっていました。

　平成18年度税制改正後の処理は、新株の発行と金庫株の処分の手続きが募集株式の発行等と一体化されるなどを契機としてその保有の場面においても資産として取り扱わないものにすることによって、取得及び処分の場面との整合性を図ることとなりました。そのため自己株式を取得した場合の付随費用は、損金の額に算入されることとなりました。

　法人が自己株式の取得をした場合、資産に計上せず資本の払戻しとして取得をした株式に対応する資本金等の額（取得資本金額）を取得の時に「資本金等の額」から減算することとされました（法法二十六、法令8①二十）。この取得資本金額を控除した残額が「利益積立金額」となり、「みなし配当の額」として処理することとなりました（法法24①五、法令9①十四）。

　なお、みなし配当の額が生じる事由に該当しない場合、例えば、上場株式の市場における取得等には利益積立金額の減少はなく、その取得対価の全額が減少する「資本金等の額」となります（法法24①五（　）書き、法令8①二十一）。

　その結果、「法人が自己株式を取得した場合は、資産である自己株式がないことになるため、あたかも取得直後に消却したかのような状態となりますが、自己株式の存在自体が否定されるものではありません。したがって、法人税法上、「発行済株式」という概念には特に「自己の株式」を除くという規定がなければ、自己株式が含まれることとなります（平成18年度改正税法のすべて）。」

　このことから自己株式の取得の場面において、発行法人では有価証券の存在はないものとされ「資本等取引」として課税所得としての損益は認識しないことになりました。

　株主においては有価証券が存在しますので損益が発生します。そのため無償取引においては受贈益、寄附金が発生することになります。

　そのため平成13年度税制改正以後は多くの乖離が生じ、かつ、多種多様な問題が発生し、訴訟を通じて度重なる税制改正を得て今日に至っています（改正前は有価証券の存在がありましたのでこのような問題はありませんでした。）。

1-2 平成18年度改正前、改正時、改正後の申告調整

①平成18年3月期に自己株式を取得した場合、②平成19年3月期の期首における経過措置適用の場合、③平成19年3月期に自己株式を譲渡した場合の3つに分けて、申告調整の処理を解説します。

① 平成18年3月期に自己株式を取得した場合

平成18年3月期において、発行法人は相対取引により法人株主から発行法人株式（自己株式）を100（別途仲介手数料10）で取得しました。みなし配当は発生しませんでした。申告調整はどのようになりますか。

18.3.31 前　購入
（会社処理）

| 自己株式（B/S） | 100 | 現金（B/S） | 110 |
| 仲介手数料（P/L） | 10 | | |

（税務処理）

| 自己株式（B/S） | 110 | 現金（B/S） | 110 |

（修正処理）

| 自己株式（B/S） | 10 | 仲介手数料（P/L） | 10 |

① 別表四は「仲介手数料否認」として10加算（留保）します。
② 別表五（一）は翌期以後の貸借対照表（自己株式）の消去処理のため、「自己株式」として10加算します。

別表調理について

（会社処理）　　　　　　　　　　　　（修正処理）

自己株式（B/S）100	現金（B/S）	110		自己株式（B/S）　10	仲介手数料（P/L）　10
仲介手数料（P/L）　10					

別表四　所得の金額の計算に関する明細書

区　　　　　　　分		総　　額	処		分	
			留　保	社	外　流　出	
		①	②		③	
当 期 利 益 又 は 当 期 欠 損 の 額	1	△ 10	△ 10	配　　　当		
				そ の 他		
加算 仲 介 手 数 料 否 認		10	10			
所 得 金 額 又 は 欠 損 金 額	52	0	0	外 ※		

別表五 （一）　Ⅰ　利益積立金額の計算に関する明細書

区　　　　分		期 首 現 在 利益積立金額	当 期 の 増 減		差引翌期首現在 利益積立金額 ① － ② + ③
			減	増	
		①	②	③	④
利 益 準 備 金	1				
自 己 株 式				10	10
繰 越 損 益 金 （ 損 は 赤 ）	25			△ 10	△ 10
差 引 合 計 額	31	0		0	0

Ⅱ　資本金等の額の計算に関する明細書

区　　　　分		期 首 現 在 資本金等の額	当 期 の 増 減		差引翌期首現在 資本金等の額 ① － ② + ③
			減	増	
		①	②	③	④
資 本 金 又 は 出 資 金	32				
そ の 他 資 本 剰 余 金					
差 引 合 計 額	36				

《別表四と別表五（一）との検算》
（算式）

別表四　　　　別表五（一）　　　別表五（一）
「52」②　＋　「31」①　　＝　「31」④　　… 検算一致
(0)　　　　　　(0)　　　　　　　(0)

② 平成 19 年 3 月期の期首における経過措置適用の場合

平成 19 年 3 月期の経過措置適用後の申告調整は、どのようになりますか。

18.4.1（経過措置）

（会社処理）

　なし

（税務処理）

| 資本金等の額 (B/S) | 110 | 自己株式 (B/S) | 110 |

（修正処理）

| 資本金等の額 (B/S) | 110 | 自己株式 (B/S) | 110 |

分解

| 利益積立金額 (B/S) | 110 | 自己株式 (B/S) | 110 |
| 資本金等の額 (B/S) | 110 | 利益積立金額 (B/S) | 110 |

① 別表四の申告調整は不要です。

② 別表五（一）は翌期以後の貸借対照表（利益積立金額、資本金等の額、自己株式）の消去処理のため、「自己株式」として 110 減算します。

　調整項目として、利益積立金額の計算明細は「資本金等の額」として 110 加算、資本金等の額の計算明細は「利益積立金額」として 110 減算します。この加減算は現在の企業会計処理上、解散清算するまで消去できません。

経過措置を適用して、平成 18 年 3 月 31 日において保有する自己株式 110 を資本金等の額としてその帳簿価額を減算して処理することとなりました。

別表調理について

（会社処理）　　　　　　　　　　　　（修正処理）

なし

利益積立金額 (B/S) 110　　自己株式 (B/S)　　110

資本金等の額 (B/S) 110　　利益積立金額 (B/S) 110

別表五（一）　Ⅰ　利益積立金額の計算に関する明細書

区　　　　分		期 首 現 在 利益積立金額	当　期　の　増　減		差引翌期首現在 利益積立金額 ① − ② + ③
			減	増	
		①	②	③	④
利　益　準　備　金	1				
自　　己　　株　　式		10		△ 110	△ 100
資本金等の額（自己株式取得）				110	110
繰越損益金（損は赤）		25	△ 10		△ 10
差　引　合　計　額	31	0		0	0

Ⅱ　資本金等の額の計算に関する明細書

区　　　　分		期 首 現 在 資本金等の額	当　期　の　増　減		差引翌期首現在 資本金等の額 ① − ② + ③
			減	増	
		①	②	③	④
資 本 金 又 は 出 資 金	32				
そ の 他 資 本 剰 余 金					
利益積立金額（自己株式取得）				△ 110	△ 110
差　引　合　計　額	36			△ 110	△ 110

《別表四と別表五（一）との検算》
（算式）

別表四　　　別表五（一）　　別表五（一）
「52」②　＋　「31」①　　＝　「31」④　　… 検算一致
(0)　　　　　(0)　　　　　(0)

③　平成 19 年 3 月期に自己株式を譲渡した場合

　平成 19 年 3 月期において、自己株式を 150 で譲渡しました。申告調整はどのようになりますか。

18.3.31 前購入のものを売却

（会社処理）

現金（B/S）	150	自己株式（B/S）	100
		譲渡益（P/L）	50

（税務処理）

現金（B/S）	150	資本金等の額（B/S）	150

（修正処理）

自己株式（B/S）	100	資本金等の額（B/S）	150
譲渡益（P/L）	50		

自己株式（B/S）	100	利益積立金額（B/S）	150
譲渡益（P/L）	50		
利益積立金額（B/S）	150	資本金等の額（B/S）	150

①　別表四は「譲渡益過大」として 50 減算（留保）します。

②　別表五（一）は翌期以後の貸借対照表（利益積立金額、資本金等の額、自己株式）の消去処理のため、「自己株式」として 100 減算します。

　調整項目として、利益積立金額の計算明細は「資本金等の額」として 150 減算、資本金等の額の計算明細は「利益積立金額」として 150 加算します。この加減算は現在の企業会計処理上、解散清算するまで消去できません。

別表調理について

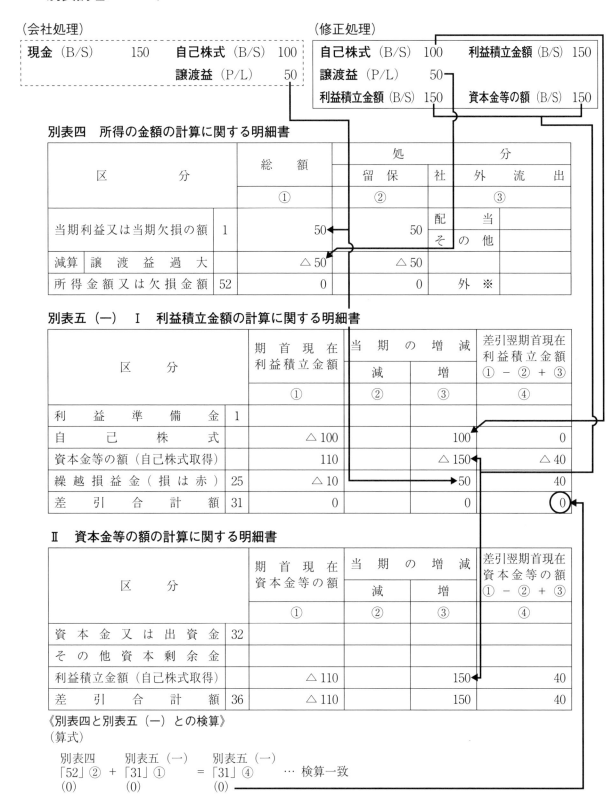

（会社処理）

現金（B/S）	150	自己株式（B/S）	100
		譲渡益（P/L）	50

（修正処理）

自己株式（B/S）	100	利益積立金額（B/S）	150
譲渡益（P/L）	50		
利益積立金額（B/S）	150	資本金等の額（B/S）	150

別表四　所得の金額の計算に関する明細書

区　　　分		総　　額	処　　　　　分		
			留　保	社　外　流　出	
		①	②	③	
当期利益又は当期欠損の額	1	50	50	配　　当	
				その他	
減算 譲　渡　益　過　大		△50	△50		
所　得　金　額　又　は　欠　損　金　額	52	0	0	外　※	

別表五（一）　Ⅰ　利益積立金額の計算に関する明細書

区　　　分		期首現在利益積立金額	当　期　の　増　減		差引翌期首現在利益積立金額 ① － ② ＋ ③
			減	増	
		①	②	③	④
利　益　準　備　金	1				
自　　己　　株　　式		△100		100	0
資本金等の額（自己株式取得）		110		△150	△40
繰越損益金（損は赤）	25	△10		50	40
差　引　合　計　額	31	0	0		0

Ⅱ　資本金等の額の計算に関する明細書

区　　　分		期首現在資本金等の額	当　期　の　増　減		差引翌期首現在資本金等の額 ① － ② ＋ ③
			減	増	
		①	②	③	④
資　本　金　又　は　出　資　金	32				
そ　の　他　資　本　剰　余　金					
利益積立金額（自己株式取得）		△110		150	40
差　引　合　計　額	36	△110		150	40

《別表四と別表五（一）との検算》
（算式）

別表四　　　別表五（一）　　別表五（一）
「52」②　＋　「31」①　　＝　「31」④　　… 検算一致
（0）　　　　　（0）　　　　　　（0）

1-3　発行法人が自己株式を取得した場合の基本
（発行法人）

発行法人 B 社は相対取引により法人株主 A 社から発行法人 B 社の株式（自己株式）50 株を 150,000（帳簿価額 50,000）で取得しました。B 社の純資産の部の状況は次のとおりです。B 社の取得時の申告調整は、どのようになりますか。

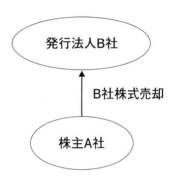

B 社の税務上の純資産の部の状況

資 本 金 等 の 額	200,000
利 益 積 立 金 額	400,000
発 行 済 株 式 総 数	200 株

（取得した自己株式の状況）
B 社の取得価額：150,000（50 株×3,000/株）
A 社における B 社の帳簿価額：50,000（50 株×1,000/株）

（会社処理）

| B 社株式（B/S）
（自己株式） | 150,000 | 現金（B/S） | 150,000 |

解説

1. 税務処理について

発行法人 B 社が相対取引により株主 A 社から B 社株式（自己株式）を取得し A 社に金銭等を交付した場合は、B 社においては「資本の払戻し」と「剰余金の配当（みなし配当）」を行ったものとされ、「資本金等の額」の減少と「利益積立金額」の減少として処理されます（法法 24 ①五、法令 8 ①二十、9 ①十四）。

なお、「みなし配当の額」が生じる事由に該当しない場合、例えば、上場株式の市場における取得等には利益積立金額の減少はなく、その取得対価の全額が「資本金等の額」の減少となります（法法 24 ①五（　）書き、法令 8 ①二十一）。本件は相対取引なので非該当です。

(1)　資本金等の額の減少額

B 社の減少する資本金等の額は、次のとおり計算することとされています（法令 8 ①二十）。

（算式）（法令8①二十、法法24①五〜七）一の種類株式を発行

※　取得資本金額（交付金銭等の額が限度（適格現物分配は帳簿価額））

$$\frac{\underset{（0以下は0）}{取得直前の資本金等の額}\ 200,000}{\underset{（自己株式を除く）200}{取得直前の発行済株式等の総数}} \times \underset{50}{取得した自己株式の数} = 50,000$$

⑵　利益積立金額の減少額

B社の減少する利益積立金額は、次のとおり計算することとされています（法令9①十四）。

（算式）（法令9①十四、8①二十）

$$\underset{150,000}{交付金銭等の額} - \underset{50,000}{取得資本金額} = \underset{100,000}{みなし配当の額}$$

したがって、税務処理は次のとおりです。

（税務処理）

法令8①二十 →	**資本金等の額**（B/S）	50,000	**現金**（B/S）	150,000
法令9①十四 →	**みなし配当**（P/L）	100,000		

2.　修正処理について

　会社処理と税務処理とを比較しますと、処理に差異が生じていますので修正処理する必要があります。

（修正処理）

みなし配当（P/L）	100,000	**B社株式**（B/S）	150,000
資本金等の額（B/S）	50,000		

分解

（修正処理）

みなし配当（P/L）	100,000	**B社株式**（B/S）	150,000
利益積立金額（B/S）	50,000		
資本金等の額（B/S）	50,000	**利益積立金額**（B/S）	50,000

⑴　第一ステップ（会計処理との差異）の処理

　①　別表四は「みなし配当認容」として 100,000 減算（留保）します。

　②　別表五（一）は翌期以後の貸借対照表（B 社株式、利益積立金額、資本金等の額）の消去処理のため、「B 社株式」として 150,000 減算します。

　　　調整項目として、利益積立金額の計算明細は「資本金等の額」として 50,000 加算、資本金等の額の計算明細は「利益積立金額」として 50,000 減算します。この加減算は現在の企業会計処理上、解散清算するまで消去できません。

⑵　第二ステップ（別段の定め）の処理

　①　利益又は剰余金の分配は、資本等取引とされています（法法22⑤）。

　②　資本等取引に係るものは、損金不算入となっています（法法22③三）。

　したがって、別表四は「みなし配当」として 100,000 加算（流出）します。

3．別表調理について

（会社処理）

B社株式 (B/S) (自己株式)	150,000	現金 (B/S)	150,000

（修正処理）

みなし配当 (P/L)	100,000	B社株式 (B/S)	150,000
利益積立金額 (B/S)	50,000		
資本金等の額 (B/S)	50,000	利益積立金額 (B/S)	50,000

別表四　所得の金額の計算に関する明細書

区　　　　　分		総　　額	処　　　　　　分		
			留　保	社	外　　流　　出
		①	②		③
当期利益又は当期欠損の額	1	0	0	配　当	
				そ の 他	
加算	み　な　し　配　当	100,000			100,000
減算	み な し 配 当 認 容	100,000	100,000		
所 得 金 額 又 は 欠 損 金 額	52	0	△ 100,000	外 ※	100,000

別表五（一）　Ⅰ　利益積立金額の計算に関する明細書

区　　　　　分		期 首 現 在 利 益 積 立 金 額	当 期 の 増 減		差引翌期首現在 利 益 積 立 金 額 ① － ② ＋ ③
			減	増	
		①	②	③	④
利 　 益 　 準 　 備 　 金	1				
B 社 株 式 （ 自 己 株 式 ）				△ 150,000	△ 150,000
資本金等の額（自己株式取得）				50,000	50,000
繰 越 損 益 金 （ 損 は 赤 ）	25	400,000		0	400,000
差 　 引 　 合 　 計 　 額	31	400,000		△ 100,000	300,000

Ⅱ　資本金等の額の計算に関する明細書

区　　　　　分		期 首 現 在 資 本 金 等 の 額	当 期 の 増 減		差引翌期首現在 資 本 金 等 の 額 ① － ② ＋ ③
			減	増	
		①	②	③	④
資 本 金 又 は 出 資 金	32	250,000			250,000
そ の 他 資 本 剰 余 金					
利益積立金額（自己株式取得）				△ 50,000	△ 50,000
差 　 引 　 合 　 計 　 額	36	250,000		△ 50,000	200,000

《別表四と別表五（一）との検算》

（算式）

$$\underset{(\triangle 100,000)}{\underset{「52」②}{別表四}} + \underset{(400,000)}{\underset{「31」①}{別表五（一）}} = \underset{(300,000)}{\underset{「31」④}{別表五（一）}} \cdots 検算一致$$

1-4 発行法人が自己株式を取得した場合の基本
（株主）

Q

　発行法人B社は相対取引により法人株主A社から発行法人B社の株式（自己株式）50株を150,000（帳簿価額50,000）で取得しました。B社の純資産の部の状況は次のとおりです。A社の売却時の申告調整は、どのようになりますか。

<table>
<tr><td colspan="2" align="center">B社の税務上の純資産の部の状況</td></tr>
<tr><td>資　本　金　等　の　額</td><td align="right">200,000</td></tr>
<tr><td>利　益　積　立　金　額</td><td align="right">400,000</td></tr>
<tr><td>発　行　済　株　式　総　数</td><td align="right">200 株</td></tr>
<tr><td colspan="2">（取得した自己株式の状況）
B社の取得価額：150,000（50 株×3,000/株）
A社におけるB社の帳簿価額：50,000（50 株×1,000/株）</td></tr>
</table>

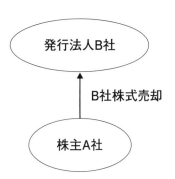

（会社処理）

現金（B/S）	150,000	B社株式（B/S）	50,000
		譲渡益（P/L）	100,000

解説

1. 税務処理について

　株主A社が相対取引により発行法人B社に対してB社株式を譲渡し金銭等の交付を受けた場合、B社における「資本金等の額」の減少額は、B社株式の譲渡損益計算上の「譲渡対価の額」となります（法法61の2①）。また、B社における「利益積立金額」の減少額は、「みなし配当の額」となります（法法24①五）。

(1) みなし配当の額

　株主A社がB社の自己株式の取得により金銭等の交付を受けた場合、その金銭等の額がB社の資本金等の額のうち株式に対応する部分の金額を超える部分の金額は、みなし配当の額とされています（法法24①五）。

（算式）（法法24①五）**適格現物分配は帳簿価額**

$$\underset{150,000}{\text{交付金銭等の額}} - \underset{50,000}{\text{株式に対応する部分の金額}} = \underset{100,000}{\text{みなし配当の額}}$$

株式に対応する部分の金額

（算式）（法法24①五～七、法令23①六イ）　**一の種類株式を発行**

$$\frac{\underset{(\text{0 以下は 0}) \quad 200,000}{\text{取得直前の資本金等の額}}}{\underset{(\text{自己株式を除く}) \quad 200}{\text{取得直前の発行済株式等の総数}}} \times \underset{50}{\text{取得した自己株式の数}} = 50,000$$

(2)　有価証券の譲渡損益

B社株式の譲渡損益は、次のとおり計算することとされています（法法61の2①）。

（算式）（法法61の2①）

$$\left(\overset{\text{譲渡対価の額}}{\underset{150,000}{\text{交付金銭等の額}} - \underset{100,000}{\text{みなし配当の額}}} \right) - \underset{50,000}{\text{譲渡原価の額（株式の帳簿価額）}} = \underset{0}{\text{譲渡損益}}$$

(3)　譲渡原価の額（株式の帳簿価額）

（算式）（法法61の2①二）

譲渡直前の帳簿価額@ 1,000 × 50 株 ＝ 譲渡原価 50,000

したがって、税務処理は次のとおりです。

（税務処理）

現金（B/S）	150,000	譲渡対価（P/L）	50,000	← 法法61の2①
		みなし配当（P/L）	100,000	← 法法24①五
法法61の2①二 →　譲渡原価（P/L）	50,000	B社株式（B/S）	50,000	

2.　修正処理について

　会社処理と税務処理とを比較しますと、処理に差異が生じていますので修正処理する必要があります。

（修正処理）

譲渡益（P/L）	100,000	みなし配当（P/L）	100,000

①　別表四は「みなし配当計上もれ」として 100,000 加算（留保）、「譲渡益過大」として 100,000 減算（留保）します（加算額と減算額が同額であるため申告調整は省略可）。

②　別表五（一）は貸借対象表科目がありませんので、申告調整不要です。

3. その他

　受取配当等の益金不算入の適用を受ける場合には、法人税の確定申告書、修正申告書又は更正請求書に益金不算入の配当等の額及びその計算に関する明細（申告書別表八）を記載した書類の添付がある場合に限り、適用が認められています（法法23⑧）。

4. 別表調理について

（会社処理）

```
現金（B/S）  150,000    B社株式（B/S） 50,000
                        譲渡益（P/L）100,000
```

（修正処理）

```
譲渡益（P/L）100,000    みなし配当（P/L）100,000
```

別表四　所得の金額の計算に関する明細書

区　　　　　分		総　額	処　　　　　　分		
			留　保	社　外　流　出	
		①	②	③	
当期利益又は当期欠損の額	1	100,000	100,000	配　　当	
				その他	
加算	みなし配当計上もれ		100,000	100,000	
減算	譲　渡　益　過　大		100,000	100,000	
所得金額又は欠損金額	52	100,000	100,000	外　※	

別表五（一）　I　利益積立金額の計算に関する明細書

区　　　　　分		期首現在利益積立金額	当　期　の　増　減		差引翌期首現在利益積立金額 ① － ② ＋ ③
			減	増	
		①	②	③	④
利　益　準　備　金	1				
繰越損益金（損は赤）	25		0	100,000	100,000
差　引　合　計　額	31		0	100,000	100,000

《別表四と別表五（一）との検算》

（算式）

```
別表四        別表五（一）    別表五（一）
「52」②   ＋  「31」①    ＝  「31」④     … 検算一致
（100,000）   （0）          （100,000）
```

1-5 交付金銭等が資本金等の額を下回る場合 （発行法人）

発行法人B社は相対取引により法人株主A社から発行法人B社の株式（自己株式）を360,000で取得しました。B社の純資産の部の状況は次のとおりです。発行法人B社の取得時の申告調整は、どのようになりますか。

B社の税務上の純資産の部の状況

資 本 金 等 の 額	25,000,000
利 益 積 立 金 額	5,000,000
発 行 済 株 式 総 数	50,000 株

（取得した自己株式の状況）
B社の取得価額：360,000（2,400 株×150/株）
A社におけるB社の帳簿価額：1,200,000（2,400 株×500/株）

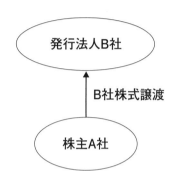

（会社処理）

B社株式（B/S）（自己株式）	360,000	現金（B/S）	360,000

解説

1. 税務処理について

　発行法人B社が相対取引により株主A社からB社株式（自己株式）を取得しA社に金銭等を交付した場合は、B社においては「資本の払戻し」と「剰余金の配当（みなし配当）」を行ったものとされ、「資本金等の額」の減少と「利益積立金額」の減少として処理されます（法法24①五、法令8①二十、9①十四）。

　なお、「みなし配当の額」が生じる事由に該当しない場合、例えば、上場株式の市場における取得等には利益積立金額の減少はなく、その取得対価の全額が「資本金等の額」の減少となります（法法24①五（ ）書き、法令8①二十一）。本件は相対取引なので非該当です。

(1) 資本金等の額の減少額

　B社の減少する資本金等の額は、次のとおり計算することとされています（法令8①二十）。

（算式）（法令8①二十、法法24①五～七）　一の種類株式を発行

※　取得資本金額（交付金銭等の額が限度（適格現物分配は帳簿価額））

$$\frac{\substack{\text{取得直前の資本金等の額}\\ \text{（0以下は0）}25{,}000{,}000}}{\substack{\text{取得直前の発行済株式等の総数}\\ \text{（自己株式を除く）}50{,}000}} \times \frac{\text{取得した自己株式の数}}{2{,}400} = \frac{1{,}200{,}000}{※360{,}000}$$

⑵　利益積立金額の減少額

B社の減少する利益積立金額は、次のとおり計算することとされています（法令9①十四）。

（算式）（法令9①十四、8①二十）

$$\frac{\text{交付金銭等の額}}{360{,}000} - \frac{\text{取得資本金額}}{360{,}000} = \frac{\text{みなし配当の額}}{0}$$

したがって、税務処理は次のとおりです。

（税務処理）

法令8①二十　→　| 資本金等の額（B/S）　360,000 | 現金（B/S）　360,000 |

2.　修正処理について

　会社処理と税務処理とを比較しますと、処理に差異が生じていますので修正処理する必要があります。

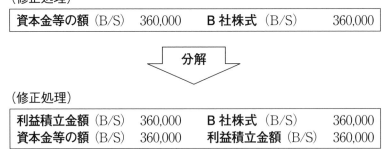

（修正処理）

| 資本金等の額（B/S）　360,000 | B社株式（B/S）　360,000 |

分解

（修正処理）

| 利益積立金額（B/S）　360,000 | B社株式（B/S）　360,000 |
| 資本金等の額（B/S）　360,000 | 利益積立金額（B/S）　360,000 |

①　別表四の申告調整は不要です。

②　別表五（一）は翌期以後の貸借対照表（B社株式、利益積立金額、資本金等の額）の消去処理のため、「B社株式」として360,000減算します。

　　調整項目として、利益積立金額の計算明細は「資本金等の額」として360,000加算、資本金等の額の計算明細は「利益積立金額」として360,000減算します。この加減算は

会計上修正処理しない限り解散清算するまで消去できません。

3. 別表調理について

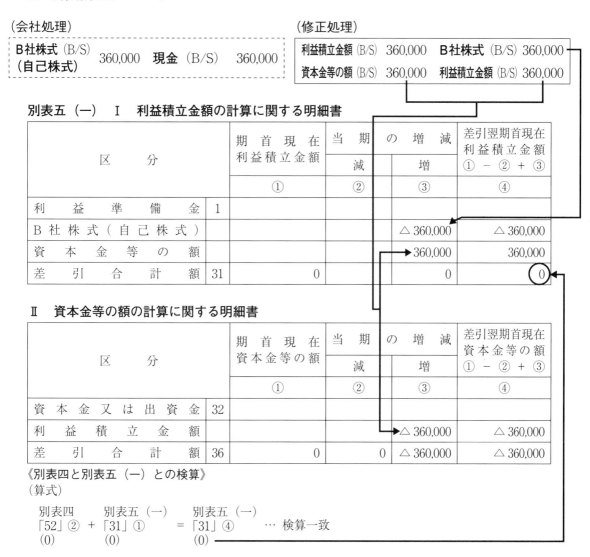

（会社処理）

| B社株式（B/S）（自己株式） | 360,000 | 現金（B/S） | 360,000 |

（修正処理）

| 利益積立金額（B/S） | 360,000 | B社株式（B/S） | 360,000 |
| 資本金等の額（B/S） | 360,000 | 利益積立金額（B/S） | 360,000 |

別表五（一） I 利益積立金額の計算に関する明細書

区　分		期首現在利益積立金額 ①	当期の増減 減 ②	当期の増減 増 ③	差引翌期首現在利益積立金額 ①－②＋③ ④
利　益　準　備　金	1				
B社株式（自己株式）				△360,000	△360,000
資　本　金　等　の　額				360,000	360,000
差　引　合　計　額	31	0		0	0

II 資本金等の額の計算に関する明細書

区　分		期首現在資本金等の額 ①	当期の増減 減 ②	当期の増減 増 ③	差引翌期首現在資本金等の額 ①－②＋③ ④
資本金又は出資金	32				
利　益　積　立　金　額				△360,000	△360,000
差　引　合　計　額	36	0	0	△360,000	△360,000

《別表四と別表五（一）との検算》
（算式）

別表四 「52」② ＋ 別表五（一）「31」① ＝ 別表五（一）「31」④ … 検算一致
(0) (0) (0)

1-6　交付金銭等が資本金等の額を下回る場合（株主）

Q

　発行法人B社は相対取引により法人株主A社から発行法人B社の株式（自己株式）を360,000で取得しました。B社の純資産の部の状況は次のとおりです。株主A社の売却時の申告調整は、どのようになりますか。

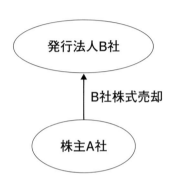

B社の税務上の純資産の部の状況

資　本　金　等　の　額	25,000,000
利　益　積　立　金　額	5,000,000
発　行　済　株　式　総　数	50,000 株

（取得した自己株式の状況）
B社の取得価額：360,000（2,400株×150/株）
A社におけるB社の帳簿価額：1,200,000（2,400株×500/株）

（会社処理）

現金（B/S）	360,000	B社株式（B/S）	1,200,000
譲渡損（P/L）	840,000		

解説

1.　税務処理について

　株主A社が相対取引により発行法人B社に対してB社株式を譲渡し金銭等の交付を受けた場合、B社における「資本金等の額」の減少額は、B社株式の譲渡損益計算上の「譲渡対価の額」となります（法法61の2①）。また、B社における「利益積立金額」の減少額は、「みなし配当の額」となります（法法24①五）。

(1)　みなし配当の額

　株主A社がB社の自己株式の取得により金銭等の交付を受けた場合、その金銭等の額がB社の資本金等の額のうち株式に対応する部分の金額を超える部分の金額は、みなし配当の額とされています（法法24①五）。

（算式）（法法24①五）適格現物分配は帳簿価額

交付金銭等の額　_　株式に対応する部分の金額　=　みなし配当の額
　　360,000　　　　　　　360,000　　　　　　　　　　　0

株式に対応する部分の金額

（算式）（法法24①五〜七、法令23①六イ）　一の種類株式を発行

$$\frac{\text{取得直前の資本金等の額}（0\text{以下は}0）25,000,000}{\text{取得直前の発行済株式等の総数}（\text{自己株式を除く}）50,000} \times \frac{\text{取得した自己株式の数}}{2,400} = \frac{1,200,000}{※360,000}$$

⑵　有価証券の譲渡損益

　B社株式の譲渡損益は、譲渡対価となる額から譲渡原価を控除して計算します（法法61の2①）。

（算式）（法法61の2①）

譲渡対価の額
（交付金銭等の額　_　みなし配当の額）_　譲渡原価の額（株式の帳簿価額）=　譲渡損益
　　360,000　　　　　0　　　　　　　　　1,200,000　　　　　　　　　△840,000

⑶　譲渡原価の額（株式の帳簿価額）

（算式）（法法61の2①二）
譲渡直前の帳簿価額@500　×　2,400株　=　譲渡原価1,200,000

したがって、税務処理は次のとおりです。

（税務処理）

| 現金（B/S） | 360,000 | 譲渡対価（P/L） | 360,000 | ← 法法61の2①一 |
| 譲渡原価（P/L） | 1,200,000 | B社株式（B/S） | 1,200,000 | |

法法61の2①二 →（左端）

2. 修正処理について

　会社処理と税務処理とを比較しますと、処理に差異が生じていませんので修正処理する必要はありません。

（修正処理）

なし

別表四及び別表五（一）の申告調整は不要です。

3.　別表調理について

（会社処理）

```
現金（B/S）　360,000　B社株式（B/S）1,200,000
譲渡損（P/L）840,000
```

（修正処理）

なし

別表四　所得の金額の計算に関する明細書

区　　　分		総　　額	処　　　　　分		
			留　保	社　外　流　出	
		①	②	③	
当期利益又は当期欠損の額	1	△ 840,000	△ 840,000	配　　当	
				そ　の　他	
所 得 金 額 又 は 欠 損 金 額	52	△ 840,000	△ 840,000	外　※	

別表五（一）　I　利益積立金額の計算に関する明細書

区　　　分		期 首 現 在利 益 積 立 金 額	当　期　の　増　減		差引翌期首現在利 益 積 立 金 額① － ② + ③
			減	増	
		①	②	③	④
利　　益　　準　　備　　金	1				
繰 越 損 益 金 (損 は 赤)	25			△ 840,000	△ 840,000
差　引　合　計　額	31	0		△ 840,000	△ 840,000

《別表四と別表五（一）との検算》
（算式）

```
別表四　　　　別表五（一）　　別表五（一）
「52」②　 ＋　「31」①　 ＝　「31」④　 … 検算一致
（△ 840,000）　（0）　　　　 （△ 840,000）
```

1-7 発行法人が種類株式を取得した場合（発行法人）

Q

発行法人B社は相対取引により法人株主A社から発行法人B社のB種優先株式（自己株式）を310で取得しました。取得直前の簿価純資産価額の状況は次のとおりです。B社の申告調整は、どのようになりますか。

B社の税務上の純資産の部の状況

別表五（一）の期首の状況

Ⅰ　利益積立金額の計算に関する明細書

区　　分	期首現在 利益積立金額
利 益 準 備 金	700
資 本 金 等 の 額	△200
繰 越 損 益 金（損は赤）	0

Ⅱ　資本金等の額の計算に関する明細書

区　　分	期首現在 資本金等の額
資 本 金 又 は 出 資 金	500
資 本 準 備 金	100
利 益 積 立 金 額	200

別表五（一）付表
種類資本金額の計算に関する明細書

株 式 の 種 類	期首現在 種類資本金額
B 種 優 先 株 式 資 本 金	200
B 種 優 先 株 式 資 本 準 備 金	100
普 通 株 式 資 本 金	300
利 益 積 立 金 額	200

取得した自己株式の状況

B種優先株式　発行済み株式100株の全株

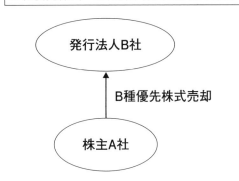

（会社処理）

B種優先株式（B/S）（自己株式）	310	現金（B/S）	310

1. 税務処理について

　発行法人B社が相対取引により株主A社からB種優先株式（自己株式）を取得しA社に金銭等を交付した場合は、B社においては「資本の払戻し」と「剰余金の配当（みなし配当）」を行ったものとされ、「資本金等の額」の減少と「利益積立金額」の減少として処理されます（法法24①五、法令8①二十、9①十四）。

　なお、「みなし配当の額」が生じる事由に該当しない場合、例えば、上場株式の市場における取得等には利益積立金額の減少はなく、その取得対価の全額が「資本金等の額」の減少となります（法法24①五（）書き、法令8①二十一）。本件は相対取引なので非該当です。

(1)　資本金等の額の減少額

　B社の減少する資本金等の額は、次のとおり計算することとされています（法令8①二十）。

> **（算式）**（法令8①二十、法法24①五〜七）二以上の種類株式を発行
>
> ※　取得資本金額（交付金銭等の額が限度（適格現物分配は帳簿価額））
>
> $$\frac{\text{取得直前の同一種類株式の種類資本金額}}{\text{取得直前の同一種類の株式総数}} \times \frac{\text{自己株式取得の}}{\text{同一種類株式数}} = 300$$
>
> 取得直前の同一種類株式の種類資本金額（0以下は0）300
> 取得直前の同一種類の株式総数（自己株式を除く）100
> 自己株式取得の同一種類株式数 100

(2)　利益積立金額の減少額

　B社の減少する利益積立金額は、次のとおり計算することとされています（法令9①十四）。

> **（算式）**（法令9①十四、8①二十）
>
> 交付金銭等の額　－　取得資本金額　＝　みなし配当の額
> 　　310　　　　　　　300　　　　　　10

　したがって、税務処理は次のとおりです。

（税務処理）

法令9①十二 →	**みなし配当**（P/L）　10	**現金**（B/S）	310
法令8①十七 →	**資本金等の額**（B/S）　300		

2. 修正処理について

　会社処理と税務処理とを比較しますと、処理に差異が生じていますので修正処理する必要があります。

（修正処理）

| みなし配当（P/L） | 10 | B種優先株式（B/S） | 310 |
| 資本金等の額（B/S） | 300 | | |

⬇ 分解

（修正処理）

みなし配当（P/L）	10	B種優先株式（B/S）	310
利益積立金額（B/S）	300		
資本金等の額（B/S）	300	利益積立金額（B/S）	300

(1)　第一ステップ（会計処理との差異）の処理

①　別表四は「みなし配当認容」として10減算（留保）します。

②　別表五（一）は翌期以後の貸借対照表（B種優先株式、利益積立金額、資本金等の額）の消去処理のため、「B種優先株式」として310減算します。

　調整項目として、利益積立金額の計算明細は「資本金等の額」として300加算、資本金等の額の計算明細は「利益積立金額」として300減算します。この加減算は現在の企業会計処理上、解散清算するまで消去できません。

(2)　第二ステップ（別段の定め）の処理

①　利益又は剰余金の分配は、資本等取引とされています（法法22⑤）。

②　資本等取引に係るものは、損金不算入となっています（法法22③三）。

　したがって、別表四は「みなし配当」として10加算（流出）します。

3. 別表調理について

（会社処理）

B種優先株式 (B/S) （自己株式）	310	現金 (B/S)	310

（修正処理）

みなし配当 (P/L)	10	B種優先株式 (B/S)	310
利益積立金額 (B/S)	300		
資本金等の額 (B/S)	300	利益積立金額 (B/S)	300

別表四　所得の金額の計算に関する明細書

区　　分		総　額	処　　　　　分		
			留　保	社　外　流　出	
		①	②	③	
当期利益又は当期欠損の額	1	0	0	配　　当	
				その他	
加算 みなし配当		10			10
減算 みなし配当認容		10	10		
所得金額又は欠損金額	52	0	△10	外　※	10

別表五（一）　Ⅰ　利益積立金額の計算に関する明細書

区　　分		期首現在 利益積立金額	当期の増減		差引翌期首現在 利益積立金額 ①－②＋③
			減	増	
		①	②	③	④
利　益　準　備　金	1	700			700
B種優先株式（自己株式）				△310	△310
資本金等の額（自己株式取得）			△200	300	100
繰越損益金（損は赤）	25	0			0
差　引　合　計　額	31	500		△10	490

Ⅱ　資本金等の額の計算に関する明細書

区　　分		期首現在 資本金等の額	当期の増減		差引翌期首現在 資本金等の額 ①－②＋③
			減	増	
		①	②	③	④
資本金又は出資金	32	500			500
資　本　準　備　金	33	100			100
利益積立金額（自己株式取得）		200		△300	△100
差　引　合　計　額	36	800		△300	500

《別表四と別表五（一）との検算》

（算式）

別表四　　　別表五（一）　　別表五（一）
「52」②　＋　「31」①　　＝　「31」④　　… 検算一致
（△10）　　（500）　　　　（490）

（税務処理）

法令9①十二 →
法令8①十七 →

みなし配当（P/L）	10	現金（B/S）	310
資本金等の額（B/S）	300		

別表五（一）付表　種類資本金額の計算に関する明細書

株　式　の　種　類		期首現在種類資本金額	当　期　の　増　減		差引翌期首現在種類資本金額①－②＋③
			減	増	
		①	②	③	④
B 種 優 先 株 式 資 本 金		200		△200	0
B 種 優 先 株 式 資 本 準 備 金		100		△100	0
普 通 株 式 資 本 金		300			300
利 益 積 立 金 額		200			200
差 引 合 計 額	11	800		△300	500

別表五（一）Ⅱ　資本金等の額の計算に関する明細書の「36」①及び④欄と一致

1-8　発行法人が種類株式を取得した場合（株主）

Q

　法人株主A社は発行法人B社に対して、相対取引によりB種優先株式（自己株式）を310で譲渡しました。B社の取得直前の簿価純資産価額の状況は次のとおりです。A社の申告調整は、どのようになりますか。

B社の税務上の純資産の部の状況

別表五（一）の期首の状況

I　利益積立金額の計算に関する明細書

区　　分	期首現在利益積立金額
利　益　準　備　金	700
資　本　金　等　の　額	△200
繰越損益金（損は赤）	0

II　資本金等の額の計算に関する明細書

区　　分	期首現在資本金等の額
資　本　金　又　は　出　資　金	500
資　本　準　備　金	100
利　益　積　立　金　額	200

別表五（一）付表

種類資本金額の計算に関する明細書

株式の種類	期首現在種類資本金額
B　種　優　先　株　式　資　本　金	200
B種優先株式資本準備金	100
普　通　株　式　資　本　金	300
利　益　積　立　金　額	200

譲渡したB社株式の状況

B種優先株式の帳簿価額　300（100株×3/株＝300）

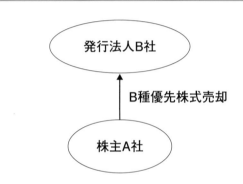

B種優先株式売却

（会社処理）

現金 (B/S)	310	B種優先株式 (B/S)	300
		譲渡益 (P/L)	10

1. 税務処理について

　株主 A 社が相対取引により発行法人 B 社に対して B 種優先株式を譲渡し金銭等の交付を受けた場合、B 社における「資本金等の額」の減少額は、B 社株式の譲渡損益計算上の「譲渡対価の額」となります（法法 61 の 2 ①）。また、B 社における「利益積立金額」の減少額は、「みなし配当の額」となります（法法 24 ①五）。

(1)　みなし配当の額

　株主 A 社が B 社の B 種優先株式の取得により金銭等の交付を受けた場合、その金銭等の額が B 社の資本金等の額のうちその交付の基因となった株式に対応する部分の金額を超えるときは、その超える部分の金額は、みなし配当の額とされています（法法 24 ①五）。

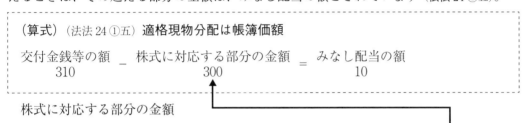

(2)　有価証券の譲渡損益

　B 社株式の譲渡損益は、譲渡対価となる額から譲渡原価の額を控除して計算します（法法 61 の 2 ①）。

$$\left(\underset{310}{\text{交付金銭等の額}} - \underset{10}{\text{みなし配当の額}}\right) - \underset{300}{\text{譲渡原価の額（株式の帳簿価額）}} = \underset{0}{\text{譲渡損益}}$$

（算式）（法法 61 の 2 ①）
譲渡対価の額

(3) 譲渡原価の額（株式の帳簿価額）

（算式）（法法61の2①二）
譲渡直前の帳簿価額@3 × 100株 ＝ 譲渡原価300

したがって、税務処理は次のとおりです。

（税務処理）

現金（B/S）	310	譲渡対価（P/L）	300	←法法61の2①一
		みなし配当（P/L）	10	←法法24①四
譲渡原価（P/L）	300	B種優先株式（B/S）	300	

法法61の2①二 →（譲渡原価）

2. 修正処理について

　会社処理と税務処理とを比較しますと、処理に差異が生じていますので修正処理する必要があります。

（修正処理）

| 譲渡益（P/L） | 10 | みなし配当（P/L） | 10 |

① 　別表四は「みなし配当計上もれ」として10加算（留保）、「譲渡益過大」として10減算（留保）します（加算額と減算額が同額であるため申告調整は省略可）。

② 　別表五（一）は貸借対照表の科目がありませんので、処理不要です。

3. その他

　受取配当等の益金不算入の適用を受ける場合には、法人税の確定申告書、修正申告書又は更正請求書に益金不算入の配当等の額及びその計算に関する明細（申告書別表八）を記載した書類の添付がある場合に限り、適用が認められています（法法23⑧）。

4．別表調理について

（会社処理）

現金（B/S）	310	B種優先株式（B/S）	300	
		譲渡益（P/L）	10	

（修正処理）

譲渡益（P/L）	10	みなし配当（P/L）	10

別表四　所得の金額の計算に関する明細書

区　　　分		総　額	処		分	
			留　保	社	外　流　出	
		①	②		③	
当期利益又は当期欠損の額	1	10	10	配　　当		
				そ の 他		
加算	みなし配当計上もれ		10	10		
減算	譲　渡　益　過　大		10	10		
所 得 金 額 又 は 欠 損 金 額	52	10	10	外　※		

別表五（一）　I　利益積立金額の計算に関する明細書

区　　　分		期 首 現 在 利 益 積 立 金 額	当　期　の　増　減		差引翌期首現在 利 益 積 立 金 額 ① － ② ＋ ③
			減	増	
		①	②	③	④
利　　益　　準　　備　　金	1				
繰 越 損 益 金 (損 は 赤)	25			10	10
差　引　合　計　額	31		0	10	⑩

《別表四と別表五（一）との検算》

（算式）

別表四　　　別表五（一）　　別表五（一）
「52」②　＋　「31」①　　＝　「31」④　　… 検算一致
(10)　　　　　(0)　　　　　　(10)

1-9　自己株式の処分（譲渡）

Q

　発行法人B社は相対取引により取得した自己株式を市場において105,000で売却しました。B社の売却時の申告調整は、どのようになりますか。

B社の税務上の純資産の部の状況
別表五（一）の期首の状況
Ⅰ　利益積立金額の計算に関する明細書

区　　　分	期　首　現　在 利益積立金額
自　己　株　式	△100,000
資　本　金　等　の　額 （自己株式取得）	87,500
繰　越　損　益　金 （　損　は　赤　）	400,000

Ⅱ　資本金等の額の計算に関する明細書

区　　　分	期　首　現　在 資本金等の額
資本金又は出資金	250,000
その他資本剰余金	100,000
利　益　積　立　金　額 （自己株式取得）	△87,500

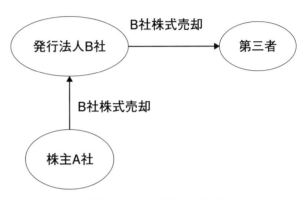

B社が保有する自己株式の状況

- ・株式数　50株（100,000）
- ・帳簿価格　2,000／株

売却の状況

- ・譲渡価額　105,000
- 　50株×2,100/株＝105,000

（会社処理）

現金（B/S）	105,000	B社株式（B/S） （自己株式）	100,000
		自己株式処分差益（B/S） （その他資本剰余金）	5,000

解説

1. 税務処理について

　発行法人の自己株式の取得による金銭等の交付は、B社においては「資本の払戻し」と「剰余金の配当（みなし配当）」を行ったものとされ、「資本金等の額」の減少と「利益積立金

額」の減少として処理されます（法法24①五、法令8①二十、9①十四）。

　自己株式の処分においては、処分の対価は全額資本金等の額の増加として処理することとされています（法令8①一）。

　会社法上、株式については発行価額という概念がなく、株主が会社に対し金銭等の払込み等をした額をもって増加する資本金の額及び資本準備金の額とされています（会法445）。新株の発行と自己株式の処分の手続の一体化により「募集株式の発行等」とされ、自己株式の処分はその他資本剰余金の増減項目とされています（会法199）。

資本金等の額の増加額

　B社の増加する資本金等の額は、次のとおり計算することとされています（法令8①一）。

> （算式）（法令8①一）
> 払い込まれた金銭等の額 105,000 － 増加資本金の額 0 ＝ 資本金等の額 105,000

したがって、税務処理は次のとおりです。

（税務処理）

現金（B/S）	105,000	資本金等の額（B/S）	105,000 ※	← 法令8①一

※　処分の対価＝2,100／株×50株＝105,000

2. 修正処理について

　会社処理と税務処理とを比較しますと、処理に差異が生じていますので修正処理する必要があります。

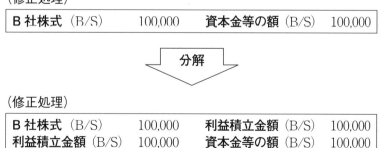

（修正処理）

B社株式（B/S）	100,000	資本金等の額（B/S）	100,000

分解

（修正処理）

B社株式（B/S）	100,000	利益積立金額（B/S）	100,000
利益積立金額（B/S）	100,000	資本金等の額（B/S）	100,000

①　別表四の申告調整は不要です。
②　別表五（一）は翌期以後の貸借対照表（B社株式、利益積立金額、資本金等の額）の

消去処理のため、「B社株式」として100,000加算します。

　　調整項目として、利益積立金額の計算明細は「資本金等の額」として100,000減算、資本金等の額の計算明細は「利益積立金額」として100,000加算します。この加減算は現在の企業会計処理上、解散清算するまで消去できません。

3. 別表調理について

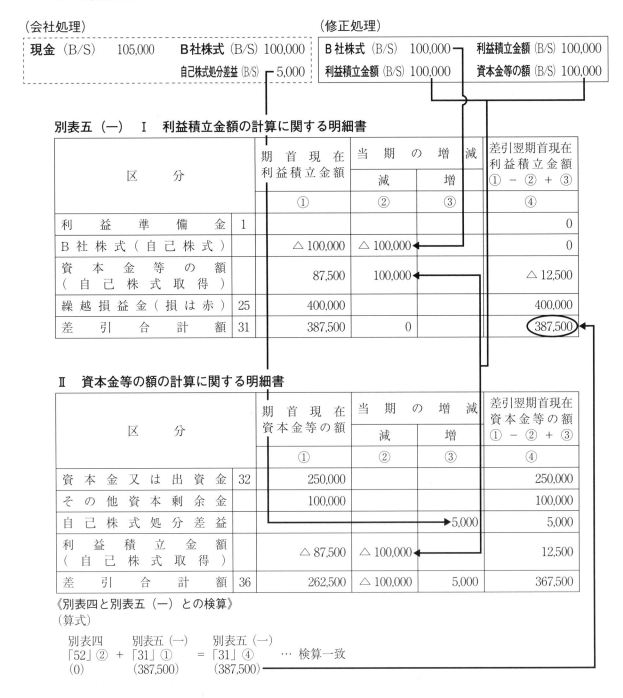

（会社処理）

| 現金（B/S） | 105,000 | B社株式（B/S） | 100,000 |
| | | 自己株式処分差益（B/S） | △5,000 |

（修正処理）

| B社株式（B/S） | 100,000 | 利益積立金額（B/S） | 100,000 |
| 利益積立金額（B/S） | 100,000 | 資本金等の額（B/S） | 100,000 |

別表五（一）　Ⅰ　利益積立金額の計算に関する明細書

区　　　分		期首現在利益積立金額	当期の増減		差引翌期首現在利益積立金額①－②＋③
			減	増	
		①	②	③	④
利　益　準　備　金	1				0
B　社　株　式（自己株式）		△100,000	△100,000		0
資　本　金　等　の　額（自己株式取得）		87,500	100,000		△12,500
繰越損益金（損は赤）	25	400,000			400,000
差　引　合　計　額	31	387,500	0		387,500

Ⅱ　資本金等の額の計算に関する明細書

区　　　分		期首現在資本金等の額	当期の増減		差引翌期首現在資本金等の額①－②＋③
			減	増	
		①	②	③	④
資本金又は出資金	32	250,000			250,000
その他資本剰余金		100,000			100,000
自己株式処分差益				5,000	5,000
利　益　積　立　金　額（自己株式取得）		△87,500	△100,000		12,500
差　引　合　計　額	36	262,500	△100,000	5,000	367,500

《別表四と別表五（一）との検算》
（算式）

別表四「52」② ＋ 別表五（一）「31」① ＝ 別表五（一）「31」④　… 検算一致
(0)　　　　　　(387,500)　　　　　　(387,500)

58

1-10 自己株式の処分（労務の対価）

　発行法人 B 社は相対取引により取得した B 社株式（自己株式）（会計帳簿価額 100,000（時価 200,000）） を従業員に対しての過年度の労務の対価（未払債務 200,000） として交付しました。B 社の交付時の申告調整は、どのようになりますか。

B 社の税務上の純資産の部の状況

別表五（一）の期首の状況

I　利益積立金額の計算に関する明細書

区　　分	期首現在利益積立金額
自　己　株　式	△ 100,000
資 本 金 等 の 額（ 自 己 株 式 取 得 ）	87,500
繰越損益金（損は赤）	400,000

II　資本金等の額の計算に関する明細書

区　　分	期首現在資本金等の額
資 本 金 又 は 出 資 金	250,000
そ の 他 資 本 剰 余 金	100,000
利 益 積 立 金 額（ 自 己 株 式 取 得 ）	△ 87,500

（会社処理）

未払金（B/S）	200,000	B 社株式（B/S）（自己株式）	100,000
		自己株式処分差益（B/S）（その他資本剰余金）	100,000

（解説）

1. 税務処理について

(1) 有価証券の譲渡損益

　B 社の保有する B 社株式（自己株式）は、税務上その資産は有価証券に該当しないこととされて帳簿価額0となりますが、保有の面では資産として取り扱われます（法法61の2①）。

B社株式の譲渡損益は、次のとおり計算することとされています（法法61の2①）。

（算式）（法法61の2①）

$$\left(\underset{200,000}{\text{時価}} - \underset{0}{\text{みなし配当の額}} \right) - \underset{0}{\text{譲渡原価の額（株式の帳簿価額）}} = \underset{200,000}{\text{譲渡損益}}$$

(2) 譲渡原価の額（株式の帳簿価額）

（算式）（法法61の2①二）

譲渡直前の帳簿価額0 ＝ 譲渡原価0

(3) 資本金等の額の増加額

　債務の支払いを金銭の代わりにB社株式（自己株式）を交付していますので、自己株式の交付は資本金等の額の増加になります。

　B社の資本金等の額の増加額は、次のとおり計算することとされています（法令8①一イ）。

（算式）（法令8①一）

払い込まれた金銭等の額 200,000 － 増加資本金の額0 ＝ 200,000

※　増加資本金の額は登記簿上の金額

したがって、税務処理は次のとおりです。

（税務処理）

	現金（B/S）	200,000	**B社株式**（B/S）	0	← 法法61の2①一
法法61の2①二 →	**譲渡原価**（P/L）	0	**譲渡益**（P/L）	200,000	
	譲渡益（P/L）	200,000	**資本金等の額**（B/S）	200,000	
	未払金（B/S）	200,000	**現金**（B/S）	200,000	

2.　修正処理について

　会社処理と税務処理とを比較しますと、処理に差異が生じていますので修正処理する必要があります。

（修正処理）

| B 社株式（B/S） | 100,000 | 資本金等の額（B/S） | 100,000 |

分解

（修正処理）

| B 社株式（B/S） | 100,000 | 利益積立金額（B/S） | 100,000 |
| 利益積立金額（B/S） | 100,000 | 資本金等の額（B/S） | 100,000 |

① 別表四の申告調整は不要です。

② 別表五（一）は翌期以後の貸借対照表（B 社株式、利益積立金額、資本金等の額）の消去処理のため、「B 社株式」として 100,000 加算します。

　調整項目として、利益積立金額の計算明細は「資本金等の額」として 100,000 減算、資本金等の額の計算明細は「利益積立金額」として 100,000 加算します。この加減算は現在の企業会計処理上、解散清算するまで消去できません。

3. 別表調理について

（会社処理）

未払金（B/S）200,000　　B社株式（B/S）100,000

自己株式処分差益（B/S）100,000

（修正処理）

B社株式（B/S）100,000　　利益積立金額（B/S）100,000

利益積立金額（B/S）100,000　　資本金等の額（B/S）100,000

別表四　所得の金額の計算に関する明細書

区　　　　分		総　額	処　　　　分		分		
			留　保	社	外　流　出		
		①	②		③		
当期利益又は当期欠損の額	1	0	0	配	当		
				そ	の他		
所得金額又は欠損金額	52	0	0	外	※		

別表五（一）　I　利益積立金額の計算に関する明細書

区　　　分		期首現在利益積立金額	当　期　の　増　減		差引翌期首現在利益積立金額 ① － ② ＋ ③
			減	増	
		①	②	③	④
利　益　準　備　金	1				0
B　社　株　式（自　己　株　式）		△100,000	△100,000		0
資　本　金　等　の　額（自　己　株　式　取　得）		87,500	100,000		△12,500
繰越損益金（損は赤）	25	400,000			400,000
差　引　合　計　額	31	387,500	0		387,500

II　資本金等の額の計算に関する明細書

区　　　分		期首現在資本金等の額	当　期　の　増　減		差引翌期首現在資本金等の額 ① － ② ＋ ③
			減	増	
		①	②	③	④
資　本　金　又　は　出　資　金	32	250,000			250,000
そ　の　他　資　本　剰　余　金		100,000	△100,000		200,000
利　益　積　立　金　額（自　己　株　式　取　得）		△87,500	△100,000		12,500
差　引　合　計　額	36	262,500	△200,000		462,500

《別表四と別表五（一）との検算》

（算式）

別表四　　　　別表五（一）　　　別表五（一）

「52」②　＋　「31」①　　＝　「31」④　　… 検算一致

（0）　　　　（387,500）　　　（387,500）

1-11 自己株式の処分（適格株式交換）

Q

　発行法人 B 社は相対取引により取得した B 社株式（自己株式）を株主 C 社が保有する A 社株式と適格株式交換しました。完全子法人 A 社の株主は 50 人未満です。株主 C 社が保有する A 社の株式等は次のとおりです。B 社の申告調整は、どのようになりますか。

B 社の税務上の純資産の部の状況

別表五（一）の期首の状況

Ⅰ　利益積立金額の計算に関する明細書

区　　　分	期 首 現 在 利 益 積 立 金 額
自　己　株　式	△ 100,000
資 本 金 等 の 額 （ 自 己 株 式 取 得 ）	87,500
繰越損益金（損は赤）	400,000
差　引　合　計　額	387,500

Ⅱ　資本金等の額の計算に関する明細書

区　　　分	期 首 現 在 資 本 金 等 の 額
資 本 金 又 は 出 資 金	250,000
そ の 他 資 本 剰 余 金	100,000
利 益 積 立 金 額 （ 自 己 株 式 取 得 ）	△ 87,500
差　引　合　計　額	262,500

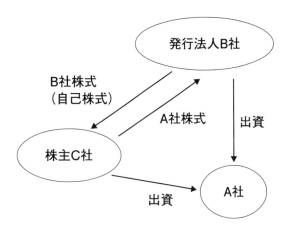

B 社が保有する自己株式の状況

・株式数　50 株（100,000）
・帳簿価格　2,000／株

C 社株主が保有する A 社株式の状況

・帳簿価額　50,000
・時価　150,000

（会社処理）

A 社株式（B/S）	150,000	B 社株式（B/S）（自己株式）	100,000
		その他資本剰余金（B/S）	50,000

解説

1.　税務処理について

(1)　有価証券の取得価額

　適格株式交換により取得した株式交換完全子法人の株式の取得価額は、次のとおり計算することとされています（法令119①十イ）。本件は B 社の株主数が 50 人未満ですので株式

の取得価額は 50,000 となります。

（算式）（法令 119 ①十イ）**子法人の株主数が 50 人未満**

$$\underset{50,000}{\text{株式交換直前の子法人の}\atop\text{旧株式の帳簿価額}} + \underset{0}{\text{取得のために要した費用の額}} = 50,000$$

(2) 資本金等の額の増加額

　B 社の増加する資本金等の額は、次のとおり計算することとされています（法令 8 ①一）。

（算式）（法令 8 ①十イ）

$$\underset{50,000}{\text{子法人株式}\atop\text{の帳簿価額}} - \left(\underset{50,000}{\text{増加資本金の額}} + \underset{0}{\text{旧新株予約権}\atop\text{の帳簿価額}} + \underset{0}{\text{株式交換完全}\atop\text{支配親法人株式}\atop\text{の帳簿価額}}\right) = 0$$

　※　増加資本金の額は登記簿上の金額

　したがって、税務処理は次のとおりです。

（税務処理）

法令 119 ①十イ →　| A 社株式（B/S）　50,000 | 資本金等の額（B/S）　50,000 | ← 法令 8 ①十イ

2. 修正処理について

　会社処理と税務処理とを比較しますと、処理に差異が生じていますので修正処理する必要があります。

（修正処理）

| B 社株式（B/S）　100,000 | A 社株式（B/S）　100,000 |

① 　別表四の申告調整は不要です。
② 　別表五（一）は翌期以後の貸借対照表（A 社株式、B 社株式）の消去処理のため、「A 社株式」として 100,000 加算、B 社株式として 100,000 減算します。

3．別表調理について

（会社処理）

A社株式（B/S）150,000　　B社株式（B/S）100,000
その他資本剰余金（B/S）50,000

（修正処理）

B社株式（B/S）100,000　　A社株式（B/S）100,000

別表五（一）　Ⅰ　利益積立金額の計算に関する明細書

区　　　　分		期首現在利益積立金額	当　期　の　増　減		差引翌期首現在利益積立金額 ① － ② ＋ ③
			減	増	
		①	②	③	④
利　　益　　準　　備　　金	1				0
Ｂ 社 株 式 （ 自 己 株 式 ）		△ 100,000		100,000	0
Ａ　　社　　株　　式				△ 100,000	△ 100,000
資　本　金　等　の　額 （ 自 己 株 式 取 得 ）		87,500			87,500
繰 越 損 益 金 （ 損 は 赤 ）	26	400,000			400,000
差　引　合　計　額	31	387,500		0	387,500

Ⅱ　資本金等の額の計算に関する明細書

区　　　　分		期首現在資本金等の額	当　期　の　増　減		差引翌期首現在資本金等の額 ① － ② ＋ ③
			減	増	
		①	②	③	④
資 本 金 又 は 出 資 金	32	250,000			250,000
そ の 他 資 本 剰 余 金		100,000	50,000		50,000
利　益　積　立　金　額 （ 自 己 株 式 取 得 ）		△ 87,500			△ 87,500
差　引　合　計　額	36	262,500	50,000		212,500

《別表四と別表五（一）との検算》
（算式）

別表四　　別表五（一）　　別表五（一）
「52」②　＋　「31」①　　＝　「31」④　　… 検算一致
（0）　　（387,500）　　（387,500）

1-12　自己株式の消却（その他資本剰余金）

Q

　発行法人Ｂ社は相対取引により取得した自己株式を全額消却することとしました。Ｂ社の申告調整は、どのようになりますか。

Ｂ社の税務上の純資産の部の状況

別表五（一）の期首の状況
Ⅰ　利益積立金額の計算に関する明細書

区　　　分	期 首 現 在 利 益 積 立 金 額
自 己 株 式	△ 100,000
資 本 金 等 の 額 （ 自 己 株 式 取 得 ）	87,500
繰越損益金（損は赤）	400,000
差 引 合 計 額	387,500

Ⅱ　資本金等の額の計算に関する明細書

区　　　分	期 首 現 在 資 本 金 等 の 額
資 本 金 又 は 出 資 金	250,000
そ の 他 資 本 剰 余 金	100,000
利 益 積 立 金 額 （ 自 己 株 式 取 得 ）	△ 87,500
差 引 合 計 額	262,500

消却予定の自己株式の状況

・自己株式数　50株

・帳簿価格　2,000／株

（会社処理）

その他資本剰余金（B/S）　100,000 ※	B社株式（B/S） （自己株式）	100,000

※　取得価額 2,000 × 取得株式数 50 株 ＝ 100,000

解説

1.　税務処理について

　発行法人の自己株式の取得による金銭等の交付は、Ｂ社においては「資本の払戻し」と「剰余金の配当（みなし配当）」を行ったものとされ、「資本金等の額」の減少と「利益積立金額」の減少として処理されます（法法24①五、法令8①二十、9①十四）。

　自己株式の処分においては、処分の対価は全額資本金等の額の増加として処理することとされています（法令8①一）。

　企業会計上、自己株式の消却が行われた場合はその手続を完了したときに自己株式の帳簿価額を減額し、その額をその他資本剰余金より減額することとされています（会社計算規則24③）。

　本件は自己株式を取得した時点で資本金等の額及び利益積立金額の減少処理が済んでいますので、当期においては何ら税務処理をすることはありません。

（税務処理）

なし

2. 修正処理について

　会社処理と税務処理とを比較しますと、処理に差異が生じていますので修正処理する必要があります。

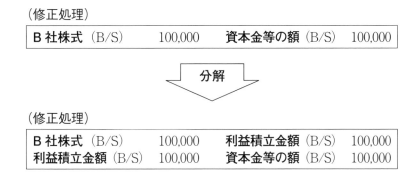

① 　別表四の申告調整は不要です。

② 　別表五（一）は翌期以後の貸借対照表（B社株式、利益積立金額、資本金等の額）の消去処理のため、「B社株式」として100,000加算します。

　　調整項目として、利益積立金額の計算明細は「資本金等の額」として100,000減算、資本金等の額の計算明細は「利益積立金額」として100,000加算します。この加減算は現在の企業会計処理上、解散清算するまで消去できません。

3. 別表調理について

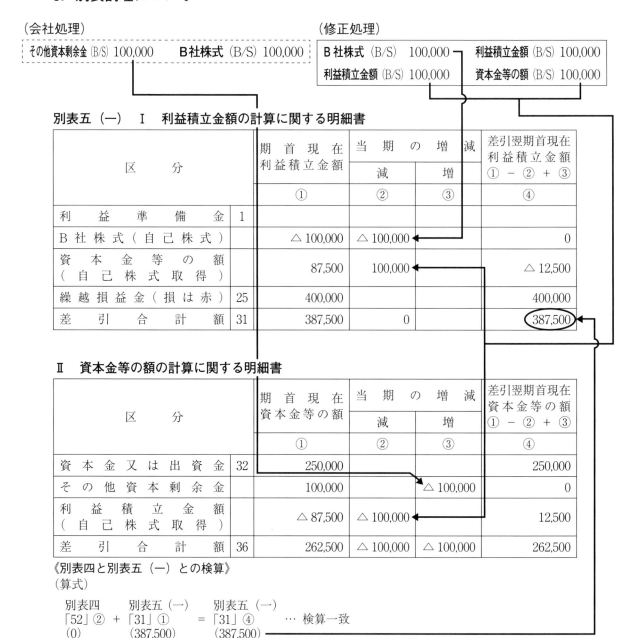

（会社処理）

その他資本剰余金 (B/S) 100,000　　B社株式 (B/S) 100,000

（修正処理）

B社株式 (B/S)　100,000　　利益積立金額 (B/S) 100,000
利益積立金額 (B/S) 100,000　　資本金等の額 (B/S) 100,000

別表五（一）　Ⅰ　利益積立金額の計算に関する明細書

区　　　分		期首現在利益積立金額①	当期の増減 減②	当期の増減 増③	差引翌期首現在利益積立金額 ①－②＋③ ④
利　益　準　備　金	1				
B 社 株 式 （ 自 己 株 式 ）		△100,000	△100,000		0
資 本 金 等 の 額（ 自 己 株 式 取 得 ）		87,500	100,000		△12,500
繰 越 損 益 金 （ 損 は 赤 ）	25	400,000			400,000
差　引　合　計　額	31	387,500	0		387,500

Ⅱ　資本金等の額の計算に関する明細書

区　　　分		期首現在資本金等の額①	当期の増減 減②	当期の増減 増③	差引翌期首現在資本金等の額 ①－②＋③ ④
資 本 金 又 は 出 資 金	32	250,000			250,000
そ の 他 資 本 剰 余 金		100,000		△100,000	0
利 益 積 立 金 額（ 自 己 株 式 取 得 ）		△87,500	△100,000		12,500
差　引　合　計　額	36	262,500	△100,000	△100,000	262,500

《別表四と別表五（一）との検算》
（算式）

別表四　　　別表五（一）　　別表五（一）
「52」②　＋　「31」①　　＝「31」④　　… 検算一致
（0）　　　　（387,500）　　（387,500）

1-13　適格現物分配により被現物分配法人が　　　自己株式を取得した場合（現物分配法人）

　B社は、株主A社に対して剰余金の配当としてA社株式（帳簿価額40・時価100）の資産を現物分配（適格現物分配）しました。B社の申告調整は、どのようになりますか。

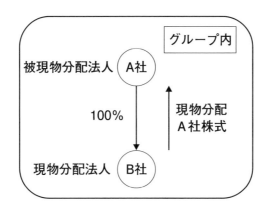

（会社処理）

| 繰越利益剰余金 （B/S） | 100 | A社株式 （B/S） | 40 |
| | | 譲渡益 （P/L） | 60 |

1. 税務処理について

　適格現物分配とは内国法人を現物分配法人とする現物分配のうち、その現物分配により資産の移転を受ける者がその現物分配の直前において当該内国法人との間に完全支配関係がある内国法人（普通法人又は協同組合等に限る。）のみであるものをいいます（法法2十二の十五）。

(1)　現物分配の譲渡損益

　B社が適格現物分配により株主A社にその保有するB社株式（現物）を交付した場合、B社においては直前の帳簿価額40による譲渡を行ったものとして処理することとされています（法法62の5③）。したがって、譲渡損益は生じません。

　B社株式の譲渡損益は、次のとおり計算することとされています（法法61の2①）。

（算式）（法法61の2①）

$$\left(\underset{40}{\text{交付金銭等の額}} - \underset{0}{\text{みなし配当の額}} \right) - \underset{40}{\text{譲渡原価の額（株式の帳簿価額）}} = \underset{0}{\text{譲渡損益}}$$

譲渡対価の額

(2)　譲渡原価の額（株式の帳簿価額）

（算式）（法法61の2①二）

譲渡直前の帳簿価額 40 ＝ 譲渡原価 40

(3)　利益積立金額の減少額

　適格現物分配によるB社株式（現物）のその交付直前の帳簿価額40とされています。B社の減少する利益積立金額は、次のとおり計算することとされています（法令9①八）。

（算式）（法令9①八）

利益積立金額の減算額 40 ＝ 交付金銭等の額 40

(4)　源泉徴収

　適格現物分配は所得税法上の配当所得から除かれていますので、源泉徴収は行わないこととされています（所法24①）。

したがって、税務処理は次のとおりです。

（税務処理）

法令9①八　→

利益積立金額（B/S）	60	**A社株式**（B/S）	60

2.　修正処理について

　会社処理と税務処理とを比較しますと、処理に差異が生じていますので修正処理する必要があります。

（修正処理）

譲渡益（P/L）	60	**利益積立金額**（B/S）	60

①　別表四は「譲渡益過大」として60減算（流出）します。

②　別表五（一）は適格現物分配の額 40 が利益積立金額の減算項目とされています（法令 9①八）。会計上、譲渡益額 60 計上して利益積立金額が 60 加算されており、そして剰余金の配当として 100 減算されていますので、差引 40 が減算となっています。一方、税務上、減算すべき利益積立金額は 40 ですので一致しています。したがって、留保額に影響させないように処分は流出処理することになります。

3.　別表調理について

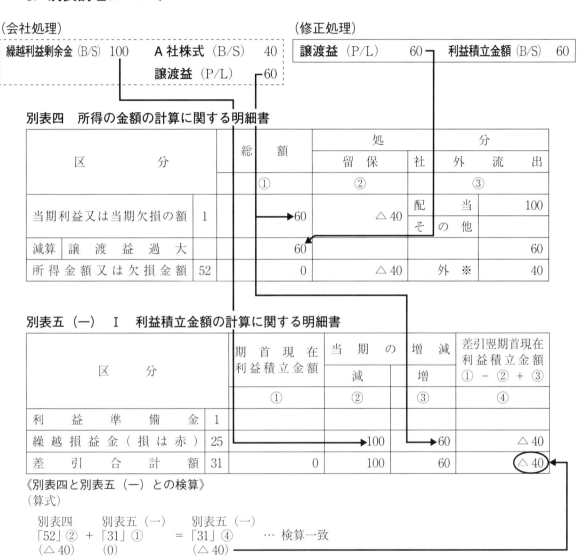

《別表四と別表五（一）との検算》
（算式）

別表四　　別表五（一）　　別表五（一）
「52」②　＋　「31」①　＝　「31」④　…　検算一致
（△ 40）　　　（0）　　　　　（△ 40）

1-14　適格現物分配により被現物分配法人が
　　　　自己株式を取得した場合（被現物分配法人）

株主A社は、剰余金の配当としてB社からA社株式（自己株式）（帳簿価額40・時価100）の現物分配（適格現物分配）を受けました。A社の申告調整は、どのようになりますか。

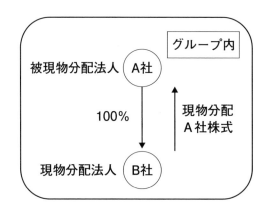

（会社処理）

A社株式（B/S）	100	B社株式（B/S）※ （自己株式）	5
		交換損益（P/L）	95

$$※　\text{B社株式の帳簿価額 }100 \times \frac{\text{資産の帳簿価額 }40}{\text{簿価純資産価額 }800} = 5$$

※　会社処理は「自己株式等適用指針」、「事業分離等に関する会計基準」によるものです。

（解説）

1. 税務処理について

(1)　現物分配の譲渡損益

株主A社は現物分配によりA社株式（自己株式）（現物）の交付を受けたので、益金の額に算入することとされています（法法22②）。

適格現物分配によりA社株式の交付を受けたことにより生ずる税務上の収益の額は、益金の額に算入しないこととされています（法法62の5④）。そのため適格現物分配に係る配

当は、受取配当等の益金不算入制度の対象外とされています（法法23①、24①）。

本件では、適格現物分配により A 社株式を受けましたので帳簿価額 40 が益金算入されますが、同時に益金不算入の処理をすることになります。したがって、税務上の譲渡損益は 0 となります。

(2)　有価証券の取得価額

交付を受けた A 社株式の取得価額は、B 社における適格現物分配の直前の帳簿価額 40 に相当する金額とされています（法法62の5③⑥、法令123の6①）。本件では、取得した有価証券は A 社株式（自己株式）であり、有価証券は存在しないこととされていますので帳簿価額は 0 となります。

(3)　利益積立金額の増加額

適格現物分配による利益積立金額の増加額は、適格現物分配直前の帳簿価額 40 とされています（法令9①四）。

（算式）（法令9①四）

適格現物分配に係る交付を　　　法法24①に規定する株式等に対応
受ける資産の直前の帳簿価額　−　する部分の金額（減資資本金額）　＝　40
　　　　　40　　　　　　　　　　　　　　　0

---

(4)　資本金等の額の減少額

自己株式の取得は資本の払戻しとなります。そのため剰余金の配当により A 社株式（自己株式）を適格現物分配された場合の A 社の減少する資本金等の額は、次のとおり計算することとされています（法令8①二十一）。

（算式）（法令8①二十一ロ、123の6①）
被現物分配法人における資産の帳簿価額 40　＝　40

したがって、税務処理は次のとおりです。

（税務処理）

法令8①二十一 →　| 資本金等の額（B/S）　40 | 受取配当（P/L）　40 | ← 法法22②

2.　修正処理について

会社処理と税務処理とを比較しますと、処理に差異が生じていますので修正処理する必要

があります。

（修正処理）

B社株式（B/S）	5	A社株式（B/S）	100
交換損益（P/L）	95		
資本金等の額（B/S）	40	受取配当（P/L）	40

分解

（修正処理）

B社株式（B/S）	5	A社株式（B/S）	100
交換損益（P/L）	95		
利益積立金額（B/S）	40	受取配当（P/L）	40
資本金等の額（B/S）	40	利益積立金額（P/L）	40

(1) 第一ステップ（会計処理との差異）の処理

① 別表四は「交換損益過大」として 95 減算（留保）、「受取配当計上もれ」として 40 加算（留保）します。

② 別表五（一）は翌期以後の貸借対照表（B社株式、A社株式、利益積立金額、資本金等の額）の消去処理のため、「B社株式」として 5 加算、「A社株式」として 100 減算します。

調整項目として、利益積立金額の計算明細は「資本金等の額」として 40 加算、資本金等の額の計算明細は「利益積立金額」として 40 減算します。この加減算は現在の企業会計処理上、解散清算するまで消去できません。

(2) 第二ステップ（別段の定め）の処理

会計上、剰余金の配当として交換損益 95 が計上され、税務上は受取配当 40 計上されていますので、差引積立金額は 55（95-40）となっています。税務上、加算すべき利益積立金額は 40 ですので、留保額に影響させないように適格現物分配により受けた収益 40 は減算（流出）処理することになります。

3. 別表調理について

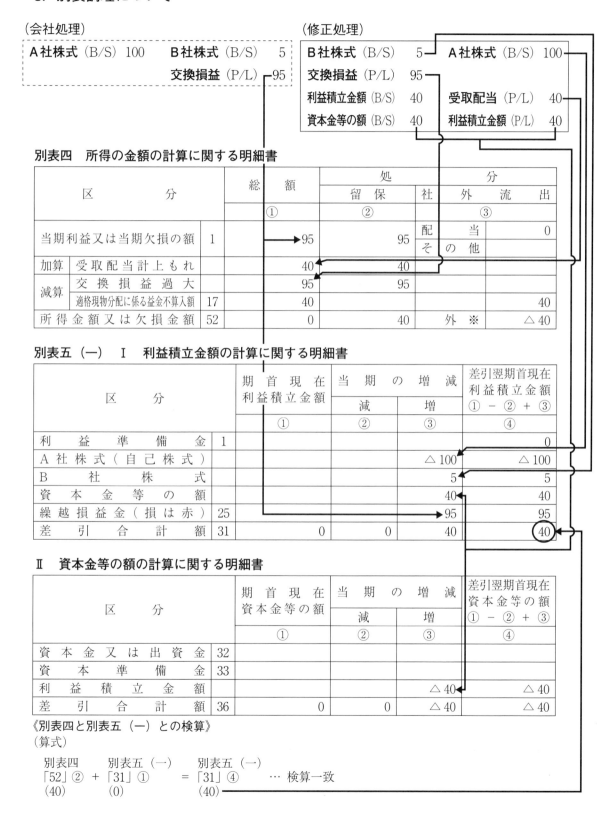

（会社処理）

A社株式（B/S） 100	B社株式（B/S） 5
	交換損益（P/L） 95

（修正処理）

B社株式（B/S） 5	A社株式（B/S） 100
交換損益（P/L） 95	受取配当（P/L） 40
利益積立金額（B/S） 40	利益積立金額（P/L） 40
資本金等の額（B/S） 40	

別表四　所得の金額の計算に関する明細書

区　　　分			総　　額	処		分	
				留　保	社　外	流　　出	
			①	②		③	
当期利益又は当期欠損の額	1		95	95	配　　当		0
					その他		
加算	受取配当計上もれ		40	40			
減算	交換損益過大		95	95			
	適格現物分配に係る益金不算入額	17	40				40
所得金額又は欠損金額	52		0	40	外　※		△40

別表五（一）　Ⅰ　利益積立金額の計算に関する明細書

区　　　分		期首現在利益積立金額	当　期　の　増　減		差引翌期首現在利益積立金額 ① − ② + ③
			減	増	
		①	②	③	④
利　益　準　備　金	1				0
A社株式（自己株式）				△100	△100
B　社　株　式				5	5
資　本　金　等　の　額				40	40
繰越損益金（損は赤）	25			95	95
差　引　合　計　額	31		0	0	40	40

Ⅱ　資本金等の額の計算に関する明細書

区　　　分		期首現在資本金等の額	当　期　の　増　減		差引翌期首現在資本金等の額 ① − ② + ③
			減	増	
		①	②	③	④
資本金又は出資金	32				
資　本　準　備　金	33				
利　益　積　立　金　額				△40	△40
差　引　合　計　額	36		0	0	△40	△40

《別表四と別表五（一）との検算》

（算式）

```
別表四        別表五（一）    別表五（一）
「52」②  +  「31」①    =  「31」④    … 検算一致
(40)        (0)            (40)
```

1-15　発行法人が自己株式を取得後に それを適格現物分配した場合（取得時）

発行法人B社は相対取引により法人株主A社から発行法人B社の株式（自己株式）を相対取引で100,000（50株）で取得しました。B社の純資産の部の状況は次のとおりです。B社の取得時の申告調整は、どのようになりますか（A社からB社株式を取得したことにより完全支配関係となります）。

B社の税務上の純資産の部の状況

資本金等の額	350,000
利益積立金額	400,000
発行済株式総数	200 株

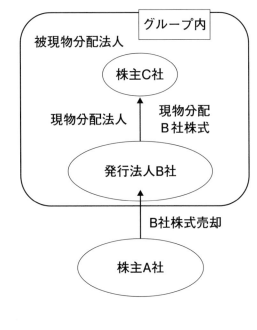

（会社処理）

B社株式（B/S）（自己株式）　100,000　　現金（B/S）　100,000

解説

1. 税務処理について

発行法人B社が相対取引により株主A社からB社株式（自己株式）を取得しA社に金銭等を交付した場合は、B社においては「資本の払戻し」と「剰余金の配当（みなし配当）」を行ったものとされ、「資本金等の額」の減少と「利益積立金額」の減少として処理されます

（法法24①五、法令8①二十、9①十四）。

(1)　資本金等の額の減少額

　B社の減少する資本金等の額は、次のとおり計算することとされています（法令8①二十）。

> **（算式）**（法令8①二十、法法24①五〜七）**一の種類株式を発行**
>
> ※　取得資本金額（交付金銭等の額が限度（適格現物分配は帳簿価額））
>
> $$\frac{\begin{array}{c}\text{取得直前の資本金等の額}\\\text{（0以下は0）350,000}\end{array}}{\begin{array}{c}\text{取得直前の発行済株式等の総数}\\\text{（自己株式を除く）200}\end{array}} \times \frac{\text{取得した自己株式の数}}{50} = 87{,}500$$

(2)　利益積立金額の減少額

　B社の減少する利益積立金額は、次のとおり計算することとされています（法令9①十四）。

> **（算式）**（法令9①四）
>
> $$\begin{array}{c}\text{適格現物分配に係る交付を}\\\text{受ける資産の直前の帳簿価額}\\\text{100,000}\end{array} - \begin{array}{c}\text{法法24①に規定する株式等に対応}\\\text{する部分の金額（減資資本金額）}\\\text{87,500}\end{array} = 12{,}500$$

　したがって、税務処理は次のとおりです。

（税務処理）

法令8①二十 →	資本金等の額（B/S）	87,500	現金（B/S）	100,000
法令9①十四 →	みなし配当（P/L）	12,500		

2.　修正処理について

　会社処理と税務処理とを比較しますと、処理に差異が生じていますので修正処理する必要があります。

（修正処理）

みなし配当（P/L）	12,500	B 社株式（B/S）	100,000
資本金等の額（B/S）	87,500		

分解

（修正処理）

みなし配当（P/L）	12,500	B 社株式（B/S）	100,000
利益積立金額（B/S）	87,500		
資本金等の額（B/S）	87,500	利益積立金額（B/S）	87,500

(1)　第一ステップ（会計処理との差異）の処理

①　別表四は「みなし配当認容」として 12,500 減算（留保）します。

②　別表五（一）は翌期以後の貸借対照表（利益積立金額、資本金等の額、B 社株式）の消去処理のため、「B 社株式」として 100,000 減算します。

調整項目として、利益積立金額の計算明細は「資本金等の額」として 87,500 加算、資本金等の額の計算明細は「利益積立金額」として 87,500 減算します。この加減算は現在の企業会計処理上、解散清算するまで消去できません。

(2)　第二ステップ（別段の定め）の処理

①　利益又は剰余金の分配は、資本等取引とされています（法法22⑤）。

②　資本等取引に係るものは、損金不算入となっています（法法22③三）。

したがって、別表四は「みなし配当」として 12,500 加算（流出）します。

3. 別表調理について

（会社処理）

B社株式 (B/S) 100,000	現金 (B/S) 100,000

（修正処理）

みなし配当 (P/L) 12,500	B社株式 (B/S) 100,000
利益積立金額 (B/S) 87,500	
資本金等の額 (B/S) 87,500	利益積立金額 (B/S) 87,500

別表四　所得の金額の計算に関する明細書

区　　　分		総　　額	処　　　　分		
			留　保	社　外　流　出	
		①	②	③	
当期利益又は当期欠損の額	1	0	0	配　当	
				その他	
加算	みなし配当	12,500			12,500
減算	みなし配当認容	12,500	12,500		
所得金額又は欠損金額	52	0	△ 12,500	外　※	12,500

別表五（一）　I　利益積立金額の計算に関する明細書

区　　　分		期首現在利益積立金額	当　期　の　増　減		差引翌期首現在利益積立金額 ① − ② + ③
			減	増	
		①	②	③	④
利　益　準　備　金	1				
B　社　株　式（自　己　株　式）				△ 100,000	△ 100,000
資本金等の額（自己株式取得）				87,500	87,500
繰越損益金（損は赤）	25	400,000		0	400,000
差　引　合　計　額	31	400,000		△ 12,500	387,500

II　資本金等の額の計算に関する明細書

区　　　分		期首現在資本金等の額	当　期　の　増　減		差引翌期首現在資本金等の額 ① − ② + ③
			減	増	
		①	②	③	④
資本金又は出資金	32	250,000			250,000
その他資本剰余金		100,000			100,000
利益積立金額（自己株式取得）				△ 87,500	△ 87,500
差　引　合　計　額	36	350,000		△ 87,500	262,500

《別表四と別表五（一）との検算》

（算式）

別表四　　　　別表五（一）　　　別表五（一）
「52」②　　＋　「31」①　　＝　「31」④　　… 検算一致
（△ 12,500）　　（400,000）　　　（387,500）

1-16　発行法人が自己株式を取得後に それを適格現物分配した場合（適格現物分配法人）

Q

B社は、株主C社に対して剰余金の配当としてB社株式（自己株式）（会計上の帳簿価額100,000・時価150,000）を現物分配（適格現物分配）しました。B社の申告調整は、どのようになりますか。

B社の税務上の純資産の部の状況
別表五（一）の期首の状況
Ⅰ　利益積立金額の計算に関する明細書

区　　　分	期　首　現　在 利　益　積　立　金　額
B 社 株 式 （ 自 己 株 式 ）	△ 100,000
資 本 金 等 の 額 （ 自 己 株 式 取 得 ）	87,500
繰越損益金（損は赤）	400,000

Ⅱ　資本金等の額の計算に関する明細書

区　　　分	期　首　現　在 資　本　金　等　の　額
資 本 金 又 は 出 資 金	250,000
そ の 他 資 本 剰 余 金	100,000
利 益 積 立 金 額 （ 自 己 株 式 取 得 ）	△ 87,500

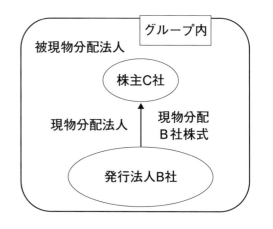

（会社処理）

| 繰越利益剰余金（B/S） | 150,000 | B社株式（B/S）（自己株式） | 100,000 |
| | | 譲渡益（P/L） | 50,000 |

解説

1. 税務処理について

適格現物分配とは内国法人を現物分配法人とする現物分配のうち、その現物分配により資産の移転を受ける者がその現物分配の直前において当該内国法人との間に完全支配関係がある内国法人（普通法人又は協同組合等に限る。）のみであるものをいいます（法法２十二の

十五）。

(1) 現物分配の譲渡損益

　自己株式は法人税法上、有価証券に該当しないこととされています（法法2二十一）。したがって、B社株式の帳簿価額は0として処理することになります。

　B社が適格現物分配により株主A社にその保有するB社株式（現物）を交付した場合、B社においては直前の帳簿価額0による譲渡を行ったものとして処理することとされています（法法62の5③）。したがって、譲渡損益は生じません。

　B社株式の譲渡損益は、次のとおり計算することとされています（法法61の2①）。

> （算式）（法法61の2①）
>
> $$\left(\underset{0}{\text{交付金銭等の額}} - \underset{0}{\text{みなし配当の額}}\right) - \underset{0}{\text{譲渡原価の額（株式の帳簿価額）}} = \underset{0}{\text{譲渡損益}}$$
>
> （譲渡対価の額）

(2) 譲渡原価の額（株式の帳簿価額）

> （算式）（法法61の2①二）
> 譲渡直前の帳簿価額0　＝　譲渡原価0

(3) 利益積立金額の減少額

　B社は、剰余金の配当による適格現物分配であるためB社株式（自己株式）（現物）のその交付直前の帳簿価額0に相当する金額の利益積立金額を減算することとされています（法令9①八）。したがって、B社の利益積立金額の減少額は、次のとおり計算することとされています

> （算式）（法令9①八）
> 利益積立金額の減算額0　＝　交付金銭等の額0

(4) 源泉徴収

　適格現物分配は所得税法上の配当所得から除かれていますので、源泉徴収はしないこととされています（所法24①）。

したがって、税務処理は次のとおりです。

（税務処理）

法令9①八　→　| 利益積立金額（B/S）| 0 | B 社株式（B/S）| 0 |

2. 修正処理について

　会社処理と税務処理とを比較しますと、処理に差異が生じていますので修正処理する必要があります。

（修正処理）

| B 社株式（B/S）| 100,000 | 繰越利益剰余金（B/S）| 150,000 |
| 譲渡益（P/L）| 50,000 | | |

① 　別表四は「譲渡益過大」として 50,000 減算します。

② 　別表五（一）は貸借対照表（B 社株式）の消去処理のため、「B 社株式」として 100,000 加算します。

3．別表調理について

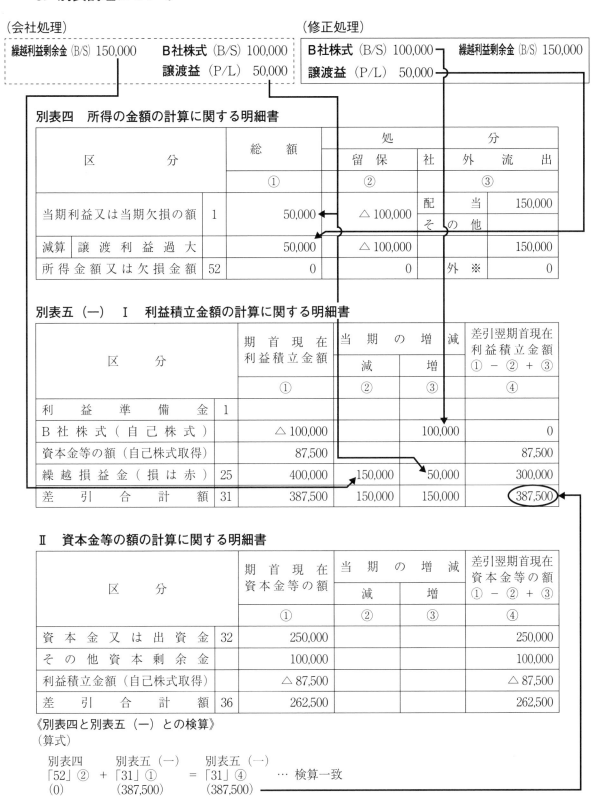

（会社処理）

繰越利益剰余金 (B/S) 150,000　　B社株式 (B/S) 100,000　　譲渡益 (P/L) 50,000

（修正処理）

B社株式 (B/S) 100,000　　繰越利益剰余金 (B/S) 150,000　　譲渡益 (P/L) 50,000

別表四　所得の金額の計算に関する明細書

区　　分		総　額	処　　分		
			留　保	社	外　流　出
		①	②		③
当期利益又は当期欠損の額	1	50,000	△100,000	配　当	150,000
				その他	
減算 譲渡利益過大		50,000	△100,000		150,000
所得金額又は欠損金額	52	0	0	外 ※	0

別表五（一）　Ｉ　利益積立金額の計算に関する明細書

区　分		期首現在利益積立金額	当期の増減		差引翌期首現在利益積立金額 ①－②＋③
			減	増	
		①	②	③	④
利　益　準　備　金	1				
B 社 株 式（自己株式）		△100,000		100,000	0
資本金等の額（自己株式取得）		87,500			87,500
繰越損益金（損は赤）	25	400,000	150,000	50,000	300,000
差　引　合　計　額	31	387,500	150,000	150,000	387,500

Ⅱ　資本金等の額の計算に関する明細書

区　分		期首現在資本金等の額	当期の増減		差引翌期首現在資本金等の額 ①－②＋③
			減	増	
		①	②	③	④
資本金又は出資金	32	250,000			250,000
その他資本剰余金		100,000			100,000
利益積立金額（自己株式取得）		△87,500			△87,500
差　引　合　計　額	36	262,500			262,500

《別表四と別表五（一）との検算》
（算式）

別表四「52」② ＋ 別表五（一）「31」① ＝ 別表五（一）「31」④ … 検算一致
(0) 　(387,500) 　(387,500)

1-17　発行法人が自己株式を取得後に それを適格現物分配した場合（被現物分配法人）

　C社はB社から剰余金の配当としてB社株式（B社の会計上の帳簿価額100,000・時価150,000）の現物分配（適格現物分配）を受けました。C社におけるB社の所有株式及びB社の資産状況は、次のとおりです。C社の申告調整は、どのようになりますか。

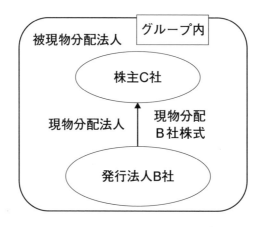

（会社処理）

| B社株式（B/S） | 150,000 | B社株式（B/S） | 23,077 |
| | | 交換損益（P/L） | 126,923 |

$$\frac{\text{B社株式の帳簿価額}}{150,000} \times \frac{\text{資産の帳簿価額}\ 100,000}{\text{簿価純資産価額}\ 650,000} = 23,077$$

① C社のB社株式の帳簿価額…150,000
② B社の簿価純資産価額………650,000

※　会社処理は「自己株式等適用指針」、「事業分離等に関する会計基準」によるものです。

解説

1. 税務処理について

(1) 現物分配の譲渡損益

　株主C社は現物分配によりB社株式の交付を受けたので、益金の額に算入することとさ

れています（法法22②）。

　適格現物分配によりB社株式の交付を受けたことにより生ずる税務上の収益の額は、益金の額に算入しないこととされています（法法62の5④）。そのため適格現物分配に係る配当は、受取配当等の益金不算入制度の対象外とされています（法法23①、24①）。

　本件では、適格現物分配によりB社株式を受けましたので帳簿価額0の益金算入、同時に益金不算入の処理をすることになります。したがって、税務上の譲渡損益は0となります。

(2) 有価証券の取得価額

　交付を受けたB社株式の取得価額は、B社における適格現物分配の直前の帳簿価額0に相当する金額とされています（法法62の5③⑥、法令123の6①）。本件では、取得した有価証券はB社株式（自己株式）であり、有価証券は存在しないこととされていましたので帳簿価額は0となります。

(3) 利益積立金額の増加額

　適格現物分配による利益積立金額の増加額は、適格現物分配直前の帳簿価額0とされています（法令9①四）。

```
（算式）（法令9①四）

 適格現物分配に係る交付を        法法24①に規定する株式等に対応
 受ける資産の直前の帳簿価額  −   する部分の金額（減資資本金額）  ＝ 0
          0                         0
```

したがって、税務処理は次のとおりです。

（税務処理）

法令123の6① →
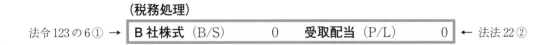

B社株式（B/S）　　　　0　　　受取配当（P/L）　　　　0　　← 法法22②

2. 修正処理について

　会社処理と税務処理とを比較しますと、処理に差異が生じていますので修正処理する必要があります。

（修正処理）

交換損益（P/L）	126,923	B社株式（B/S）	126,923

⑴　**第一ステップ（会計処理との差異）の処理**

　　①　別表四は「交換損益過大」として 126,923 減算（留保）します。

　　②　別表五（一）は翌期以後の貸借対照表（B 社株式）の消去処理のため、「B 社株式」
　　として 126,923 減算します。

⑵　**第二ステップ（別段の定め）の処理**

　適格現物分配により B 社株式（現物）の交付を受けたことにより生ずる収益の額は、益
金の額に算入しないこととされ、その金額は利益積立金額に加算することとされています
（法法 62 の 5 ④、法令 9 ①四）。

　B 社株式が自己株式であったため、帳簿価額は 0 であり収益の額は 0 として処理し、利
益積立金額の加算は 0 となります。

　したがって、別表四の申告調整は不要です。

3. 別表調理について

（会社処理）

| B社株式 (B/S) 150,000 | B社株式 (B/S) 23,077 |
| | 交換損益 (P/L) 126,923 |

（修正処理）

| 交換損益 (P/L) 126,923 | B社株式 (B/S) 126,923 |

別表四　所得の金額の計算に関する明細書

区　　　　分		総　　額	処		分		
			留　保	社	外　流　出		
		①	②		③		
当期利益又は当期欠損の額	1	126,923	126,923	配　当			0
				その他			
減算	交換損益過大	126,923	126,923				
所得金額又は欠損金額	52	0	0	外　※			0

別表五（一）　I　利益積立金額の計算に関する明細書

区　　　分		期首現在利益積立金額	当期の増減		差引翌期首現在利益積立金額 ① − ② + ③
			減	増	
		①	②	③	④
利　益　準　備　金	1				0
B　社　株　式				△ 126,923	△ 126,923
繰越損益金（損は赤）	25			126,923	126,923
差　引　合　計　額	31	0	0	0	0

《別表四と別表五（一）との検算》
（算式）

別表四　　　別表五（一）　　別表五（一）
「52」②　＋「31」①　　＝「31」④　　… 検算一致
(0)　　　　　(0)　　　　　　(0)

1-18　発行法人が自己株式を取得後に
それを適格現物分配した場合(被現物分配法人の売却)

　C社はB社株式(会計上の帳簿価額126,923、税務上の帳簿価額0)を全てD社に時価150,000で売却しました。C社の申告調整は、どのようになりますか。

　C社の税務上の純資産の部の状況
別表五(一)の期首の状況
I　利益積立金額の
　　計算に関する明細書

区　　　　分	期　首　現　在 利 益 積 立 金 額
B　社　株　式	△ 126,923
繰越損益金(損は赤)	126,923

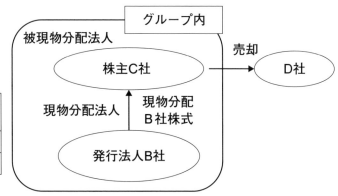

(会社処理)

現金 (B/S)	150,000	B社株式 (B/S)	126,923
		譲渡益 (P/L)	23,077

解説

1. 税務処理について

　法人税法上、資産の売買は時価150,000で認識しますので、税務上の帳簿価額0との差額150,000は譲渡益となります(法法22②)。

　したがって、税務処理は次のとおりです。

(税務処理)

現金 (B/S)	150,000	B社株式 (B/S)	0
		譲渡益 (P/L)	150,000

← 法法22②

2. 修正処理について

　会社処理と税務処理とを比較しますと、処理に差異が生じていますので修正処理する必要

があります。

（修正処理）

B社株式（B/S）	126,923	譲渡益（P/L）	126,923

① 別表四は「譲渡益計上もれ」として 126,923 加算（留保）します。

② 別表五（一）は翌期以後の貸借対照表（B社株式）の消去処理のため、「B社株式」として 126,923 加算します。

3. 別表調理について

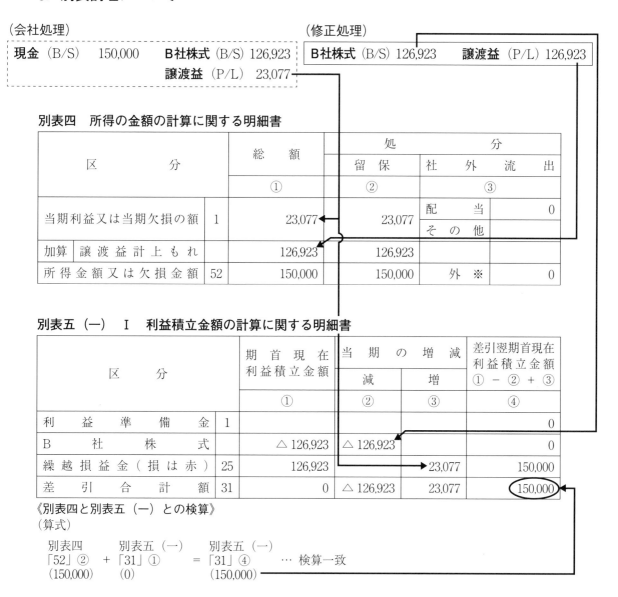

（会社処理）

現金（B/S）	150,000	B社株式（B/S）	126,923
		譲渡益（P/L）	23,077

（修正処理）

B社株式（B/S）	126,923	譲渡益（P/L）	126,923

別表四　所得の金額の計算に関する明細書

区　　分		総　額	処　　　　分		
			留　保	社　外　流　出	
		①	②	③	
当期利益又は当期欠損の額	1	23,077	23,077	配　当	0
				そ の 他	
加算	譲 渡 益 計 上 も れ	126,923	126,923		
所 得 金 額 又 は 欠 損 金 額	52	150,000	150,000	外　※	0

別表五（一）　I　利益積立金額の計算に関する明細書

区　　分		期 首 現 在 利益積立金額	当 期 の 増 減		差引翌期首現在 利益積立金額 ① － ② ＋ ③
			減	増	
		①	②	③	④
利 益 準 備 金	1				0
B 社 株 式		△ 126,923	△ 126,923		0
繰 越 損 益 金 (損 は 赤)	25	126,923		23,077	150,000
差 引 合 計 額	31	0	△ 126,923	23,077	150,000

《別表四と別表五（一）との検算》
（算式）

別表四　　　　別表五（一）　　　別表五（一）
「52」②　＋　「31」①　　＝　「31」④　　… 検算一致
（150,000）　　（0）　　　　　（150,000）

1-19　非適格現物分配した場合（現物分配法人）

Q

　B社は、株主C社に対して剰余金の配当としてB社株式（自己株式）（会計上の帳簿価額100,000・時価150,000）を現物分配（非適格現物分配）しました。B社の申告調整は、どのようになりますか。

B社の税務上の純資産の部の状況

別表五（一）の期首の状況

Ⅰ　利益積立金額の計算に関する明細書

区　分	期首現在 利益積立金額
B 社 株 式 （ 自 己 株 式 ）	△ 100,000
資 本 金 等 の 額 （ 自 己 株 式 取 得 ）	87,500
繰越損益金（損は赤）	400,000

Ⅱ　資本金等の額の計算に関する明細書

区　分	期首現在 資本金等の額
資 本 金 又 は 出 資 金	250,000
そ の 他 資 本 剰 余 金	100,000
利 益 積 立 金 額 （ 自 己 株 式 取 得 ）	△ 87,500

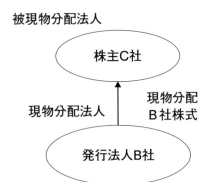

被現物分配法人

株主C社

現物分配法人

現物分配
B社株式

発行法人B社

（会社処理）

繰越利益剰余金（B/S）	150,000	B社株式（B/S） （自己株式）	100,000
		譲渡益（P/L）	50,000

解説

1.　税務処理について

⑴　現物分配の譲渡損益

　B社の保有する資産はB社株式（自己株式）であるため、税務上その資産は有価証券に該当しないこととされて帳簿価額0として取り扱われます（法法2二十一）。

　B社は非適格現物分配により株主C社に対して保有するB社株式（自己株式）を交付し

ていますので、時価 150,000 による譲渡を行ったものとして処理します（法法 52）。

現物分配は剰余金の配当として資本等取引となります（法法 61 の 2 ②）。

B 社株式の譲渡損益は、次のとおり計算することとされています（法法 61 の 2 ①）。

（算式）（法法 61 の 2 ①）

$$\underbrace{\left(\underset{150,000}{\text{交付金銭等の額}} - \underset{0}{\text{みなし配当の額}}\right)}_{\text{譲渡対価の額}} - \underset{0}{\text{譲渡原価の額（株式の帳簿価額）}} = \underset{150,000}{\text{譲渡損益}}$$

(2) 譲渡原価の額（株式の帳簿価額）

（算式）（法法 61 の 2 ①二）

譲渡直前の帳簿価額 0 ＝ 譲渡原価 0

(3) 利益積立金額の減少額

B 社の減少する利益積立金額は、次のとおり計算することとされています（法令 9 ①八）。

（算式）（法令 9 ①八）

利益積立金額の減算額 150,000 ＝ 交付金銭等の額 150,000

したがって、税務処理は次のとおりです。

（税務処理）

法令 9 ①八 →

配当金認容（P/L）	150,000	B 社株式（B/S）	0	← 法令 8 ①一
		譲渡益（P/L）	150,000	

2. 修正処理について

会社処理と税務処理とを比較しますと、処理に差異が生じていますので修正処理する必要があります。

（修正処理）

配当金認容（P/L）	150,000	利益積立金額（B/S）	150,000
B 社株式（B/S）	100,000	譲渡益（P/L）	100,000

⑴　**第一ステップ（会計処理との差異）の処理**

①　別表四は「配当金認容」として 150,000 減算（留保）、「譲渡益計上もれ」として 100,000 加算（留保）します。

②　別表五（一）は貸借対照表（B社株式）の消去処理のため、「B社株式」として 100,000 加算します。

⑵　**第二ステップ（別段の定め）の処理**

①　利益又は剰余金の配当は、資本等取引とされています（法法22⑤）。

②　資本等取引に係るものは、損金不算入となっています（法法22③三）。

したがって、別表四は「剰余金の配当」として 150,000 加算（流出）します。なお、非適格現物分配による譲渡益 150,000 は資本等取引によるものではありませんので所得認識することになります。

3.　別表調理について

（会社処理）

| 繰越利益剰余金 (B/S) 150,000 | B社株式 (B/S) 100,000 |
| | 譲渡益 (P/L) 50,000 |

（修正処理）

| 配当金認容 (P/L) 150,000 | 利益積立金額 (B/S) 150,000 |
| B社株式 (B/S) 100,000 | 譲渡益 (P/L) 100,000 |

別表四　所得の金額の計算に関する明細書

区　　分		総　額	処		分	
			留　保	社	外　流　出	
		①	②		③	
当期利益又は当期欠損の額	1	50,000	50,000	配　当		
				その他		
加算	譲渡益計上もれ	100,000	100,000			
	剰余金の配当	150,000		配当		150,000
減算	配当金認容	150,000	150,000			
所得金額又は欠損金額	52	150,000	0	外　※		150,000

別表五（一）　I　利益積立金額の計算に関する明細書

区　　分		期首現在利益積立金額	当　期　の　増　減		差引翌期首現在利益積立金額 ① － ② ＋ ③
			減	増	
		①	②	③	④
利　益　準　備　金	1				
B　社　株　式（自己株式）		△ 100,000		100,000	0
資本金等の額（自己株式取得）		87,500			87,500
繰越損益金（損は赤）	25	400,000	150,000	50,000	300,000
差　引　合　計　額	31	387,500	150,000	150,000	387,500

II　資本金等の額の計算に関する明細書

区　　分		期首現在資本金等の額	当　期　の　増　減		差引翌期首現在資本金等の額 ① － ② ＋ ③
			減	増	
		①	②	③	④
資本金又は出資金	32	250,000			250,000
その他資本剰余金		100,000			100,000
利益積立金額（自己株式取得）		△ 87,500			△ 87,500
差　引　合　計　額	36	262,500			262,500

《別表四と別表五（一）との検算》
（算式）

別表四	別表五（一）	別表五（一）	
「52」②	＋ 「31」①	＝ 「31」④	… 検算一致
(0)	(387,500)	(387,500)	

1-20 非適格現物分配した場合（被現物分配法人）

C社はB社から剰余金の配当としてB社株式（B社の会計上の帳簿価額100,000・時価150,000）の現物分配（非適格現物分配）を受けました。C社におけるB社の所有株式及びB社の資産状況は、次のとおりです。C社の申告調整は、どのようになりますか。

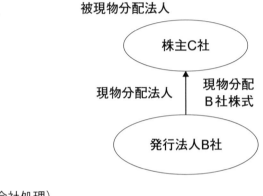

被現物分配法人

株主C社

現物分配法人 　現物分配
　　　　　　 　B社株式

発行法人B社

（会社処理）

B社株式（B/S）	150,000	B社株式（B/S）	23,077
		交換損益（P/L）	126,923

$$\frac{\text{B社株式の帳簿価額}}{150,000} \times \frac{\text{資産の帳簿価額}\ 100,000}{\text{簿価純資産価額}\ 650,000} = 23,077$$

① C社のB社株式の帳簿価額…150,000
② B社の簿価純資産価額………650,000

※ 会社処理は「自己株式等適用指針」、「事業分離等に関する会計基準」によるものです。

解説

1. 税務処理について

(1) 現物分配の譲渡損益

株主C社は非適格現物分配によりB社株式の交付を受けましたので、時価150,000を益金の額に算入することとされています（法法22②）。

(2)　有価証券の取得価額

　C社の取得した有価証券の取得価額は、時価 150,000 となります（法令119①二十七）。

（算式）（法令119①二十七）

　取得のために通常要する価額（時価）150,000　＝　取得価額 150,000

　したがって、税務処理は次のとおりです。

（税務処理）

法令119①二十七　→ | B社株式（B/S）　150,000　　受取配当（P/L）　150,000 | ← 法法22②

2.　修正処理について

　会社処理と税務処理とを比較しますと、処理に差異が生じていますので修正処理する必要があります。

（修正処理）

| B社株式（B/S）　　23,077　　受取配当（P/L）　150,000 |
| 交換損益（P/L）　126,923 |

① 　別表四は「交換損益過大」として 126,923 減算（留保）、「受取配当計上もれ」として 150,000 加算（留保）します。

② 　別表五（一）は翌期以後の貸借対照表（B社株式）の消去処理のため、「B社株式」として 23,077 減算します。

3. 別表調理について

（会社処理）

B社株式（B/S）150,000　　B社株式（B/S）23,077
　　　　　　　　　　　　　　交換損益（P/L）126,923

（修正処理）

B社株式（B/S）23,077　受取配当（P/L）150,000
交換損益（P/L）126,923

別表四　所得の金額の計算に関する明細書

区　　　分		総　　額	処　　　分			
			留　保	社	外　流　出	
		①	②		③	
当期利益又は当期欠損の額	1	126,923	126,923	配　　当		0
				そ の 他		
加算	受取配当計上もれ		150,000	150,000		
減算	交 換 損 益 過 大		126,923	126,923		
所 得 金 額 又 は 欠 損 金 額	52	150,000	150,000	外　※		0

別表五（一）　Ⅰ　利益積立金額の計算に関する明細書

区　　　分		期 首 現 在 利 益 積 立 金 額	当 期 の 増 減		差引翌期首現在 利 益 積 立 金 額 ① － ② ＋ ③
			減	増	
		①	②	③	④
利　益　準　備　金	1				0
B　社　株　式				23,077	23,077
繰 越 損 益 金 （ 損 は 赤 ）	25			126,923	126,923
差　引　合　計　額	31	0	0	150,000	150,000

《別表四と別表五（一）との検算》
（算式）

別表四　　　別表五（一）　　別表五（一）
「52」②　＋　「31」①　　＝　「31」④　　… 検算一致
（150,000）　　（0）　　　　　（150,000）

1-21 完全子法人が適格株式交換により完全親法人の株式を取得した場合（完全子法人）

Q

　C社は、株式交換によりB社を完全子法人としました（子法人の株主数50人未満の適格株式交換）。B社はB社株式（自己株式）を保有しています。株式交換によりB社はC社株式の交付を受けました。株式交換状況は次のとおりです。B社の申告調整は、どのようになりますか。

（条件）

- ・C社はB社の株式を時価100,000で受け入れました。
- ・C社は資本金100,000増加しました。
- ・B社のB社株式（自己株式）の会計上の帳簿価額は100,000です。

　B社の税務上の純資産の部の状況

別表五（一）の期首の状況

Ⅰ　利益積立金額の計算に関する明細書

区　　　分	期 首 現 在 利益積立金額
B　社　株　式 （自 己 株 式）	△ 100,000
資 本 金 等 の 額 （自己株式取得）	87,500
繰 越 損 益 金 （ 損 は 赤 ）	400,000

Ⅱ　資本金等の額の計算に関する明細書

区　　　分	期 首 現 在 資本金等の額
資本金又は出資金	250,000
その他資本剰余金	100,000
利 益 積 立 金 額 （自己株式取得）	△ 87,500

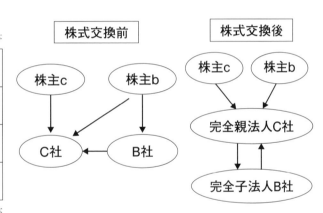

（会社処理）

C社株式（B/S）	100,000	B社株式（B/S） （自己株式）	100,000

1. 税務処理について

(1)　有価証券の譲渡損益

　株式交換とは、株式会社がその発行済株式の全部を他の株式会社又は合同会社に取得させることをいいます（会法2三十一）。

　完全親法人C社の行った株式交換で、完全子法人B社の株主にC社の株式等以外の交付金銭等の額がない場合は、株主の所有するC社株式の譲渡損益は生じないものとされています。

　B社はB社株式（自己株式）を保有していますが、税務上その資産は有価証券に該当しないこととされていますので、帳簿価額0として処理します（法法2二十一）。

　（算式）（法法61の2⑨）親法人の株式等以外の交付金銭等の額なし

　　　（譲渡対価の額）　　　　　　　（譲渡原価の額）　　　　譲渡損益
　子法人の旧株式の帳簿価額0 － 子法人の旧株式の帳簿価額0 ＝ 　0

(2)　有価証券の取得価額

　適格株式交換により取得した株式交換完全親法人のC社株式の取得価額は、次のとおり計算することとされています（法令119①九）。本件はB社株式の帳簿価額は0ですので、C社株式は0となります。

　（算式）（法令119①九）

　　株式交換直前の子法人の　　交付を受けるために　　　取得価額
　　　　旧株式の帳簿価額　　＋　要した費用の額　　　＝　　0
　　　　　　　0　　　　　　　　　　　0

したがって、税務処理は次のとおりです。

（税務処理）

法令119①九 →　C社株式（B/S）　　　　0　　　B社株式（B/S）　　　　0

2. 修正処理について

　会社処理と税務処理とを比較しますと、処理に差異が生じていますので修正処理する必要があります。

（修正処理）

B 社株式（B/S）	100,000	C 社株式（B/S）	100,000

① 別表四の申告調整は不要です。

② 別表五（一）は翌期以後の貸借対照表（B 社株式、C 社株式）の消去処理のため、「B 社株式（自己株式)」として 100,000 加算、「C 社株式」として 100,000 減算します。

3. 別表調理について

（会社処理）

C 社株式（B/S） 100,000	B社株式（B/S）（自己株式） 100,000

（修正処理）

B社株式（B/S） 100,000	C社株式（B/S） 100,000

別表五（一）　Ⅰ　利益積立金額の計算に関する明細書

区　　分		期　首　現　在 利益積立金額 ①	当　期　の　増　減		差引翌期首現在 利益積立金額 ① － ② ＋ ③ ④
			減 ②	増 ③	
利　益　準　備　金	1				
B 社 株 式（自己株式）		△ 100,000		100,000	0
C　社　株　式				△ 100,000	△ 100,000
資本金等の額（自己株式取得）		87,500			87,500
繰越損益金（損は赤）	25	400,000			400,000
差　引　合　計　額	31	387,500		0	387,500

Ⅱ　資本金等の額の計算に関する明細書

区　　分		期　首　現　在 資本金等の額 ①	当　期　の　増　減		差引翌期首現在 資本金等の額 ① － ② ＋ ③ ④
			減 ②	増 ③	
資 本 金 又 は 出 資 金	32	250,000			250,000
そ の 他 資 本 剰 余 金		100,000			100,000
利益積立金額（自己株式取得）		△ 87,500			△ 87,500
差　引　合　計　額	36	262,500			262,500

《別表四と別表五（一）との検算》

（算式）

別表四　　　　別表五（一）　　　別表五（一）
「52」②　＋　「31」①　　＝　「31」④　　… 検算一致
(0)　　　　　(387,500)　　　　(387,500)

1-22 完全子法人が適格株式交換により完全親法人の株式を取得した場合（完全親法人）

Q

　C社は、株式交換によりB社を完全子法人としました（子法人の株主数50人未満の適格株式交換）。B社はB社株式（自己株式）を保有（会計上の帳簿価額100,000、税務上0）し、株式交換によりC社株式の交付を受けました。C社はB社の株式を時価100,000で受け入れ、資本金を100,000増加して、次のとおり会社処理しました。C社の申告調整は、どのようになりますか。

B社の税務上の純資産の部の状況

別表五（一）の期首の状況

Ⅰ　利益積立金額の計算に関する明細書

区　　分	期首現在 利益積立金額
B　社　株　式 （　自　己　株　式　）	△100,000
資本金等の額 （自己株式取得）	87,500
繰　越　損　益　金 （　損　は　赤　）	400,000

Ⅱ　資本金等の額の計算に関する明細書

区　　分	期首現在 資本金等の額
資本金又は出資金	250,000
その他資本剰余金	100,000
利益積立金額 （自己株式取得）	△87,500

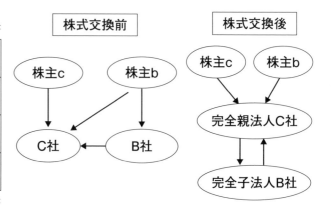

（会社処理）

B社株式（B/S）	100,000	資本金（B/S）	100,000

解説

1. 税務処理について

(1) 有価証券の取得価額

　株式交換とは、株式会社がその発行済株式の全部を他の株式会社又は合同会社に取得さ

せることをいいます（会法2三十一）。

　B社の保有する資産はB社株式（自己株式）であるため、税務上その資産は有価証券に該当しないこととされていますので、帳簿価額0として処理されています（法法2二十一）。したがって、株式交換直前の子法人B社の旧株式（自己株式）は帳簿価額0となります。

（算式）（法令119①十イ）子法人の株主数が50人未満
$$\underset{0}{\substack{\text{株式交換直前の子法人の}\\\text{旧株式の帳簿価額}}} + \underset{0}{\substack{\text{取得のために}\\\text{要した費用の額}}} = \underset{0}{\substack{\text{取得価額}}}$$

(2)　資本金等の額の増加額

　適格株式交換である場合のC社の増加する資本金等の額は、次のとおり計算することとされています（法令8①十イ）。

（算式）（法令8①十イ）
$$\underset{0}{\substack{\text{子法人株式}\\\text{の取得価額}}} - \left(\underset{100,000}{\substack{\text{増加資本金の額}}} + \underset{0}{\substack{\text{交付金銭等の額}}} + \underset{0}{\substack{\text{旧新株予約権}\\\text{の帳簿価額}}} \right) = \triangle 100,000$$
　※　増加資本金の額は登記簿上の金額
　※　子法人株式の取得価額は取得に要した費用を除く（法令119①十）

したがって、税務処理は次のとおりです。

（税務処理）

法令8①十イ →　**資本金等の額**（B/S）　100,000　　**資本金**（B/S）　　　100,000

2.　修正処理について

　会社処理と税務処理とを比較しますと、処理に差異が生じていますので修正処理する必要があります。

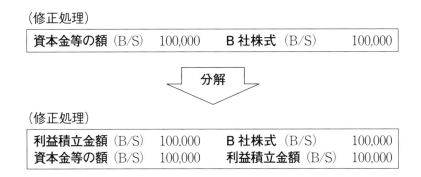

（修正処理）

| 資本金等の額（B/S） | 100,000 | B社株式（B/S） | 100,000 |

分解

（修正処理）

| 利益積立金額（B/S） | 100,000 | B社株式（B/S） | 100,000 |
| 資本金等の額（B/S） | 100,000 | 利益積立金額（B/S） | 100,000 |

①　別表四の申告調整は不要です。

②　別表五（一）は翌期以後の貸借対照表（B社株式、利益積立金額、資本金等の額）の消去処理のため、「B社株式」として100,000減算します。

　　調整項目として、利益積立金額の計算明細は「資本金等の額」として100,000加算、資本金等の額の計算明細は「利益積立金額」として100,000減算します。この加減算は現在の企業会計処理上、解散清算するまで消去できません。

3. 別表調理について

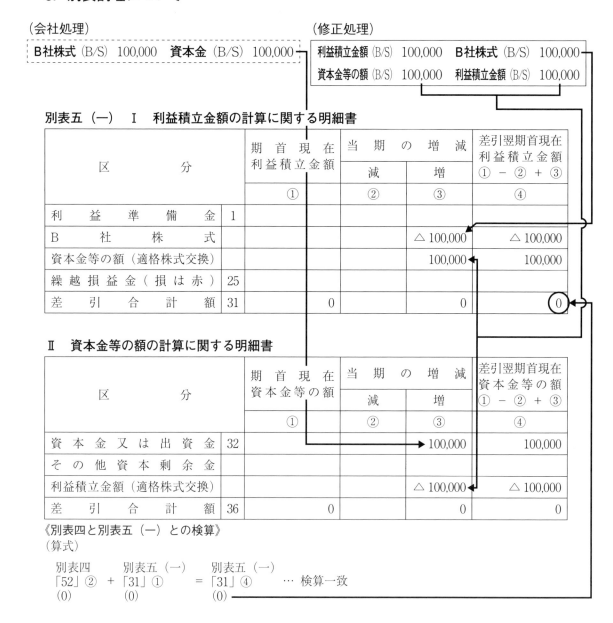

（会社処理）

| B社株式 （B/S）　100,000 | 資本金 （B/S）　100,000 |

（修正処理）

| 利益積立金額 （B/S）　100,000 | B社株式 （B/S）　100,000 |
| 資本金等の額 （B/S）　100,000 | 利益積立金額 （B/S）　100,000 |

別表五（一）　Ⅰ　利益積立金額の計算に関する明細書

区　　　　分	期首現在利益積立金額	当期の増減		差引翌期首現在利益積立金額 ① － ② ＋ ③
		減	増	
	①	②	③	④
利　益　準　備　金　1				
B　社　株　式			△100,000	△100,000
資本金等の額（適格株式交換）			100,000	100,000
繰越損益金（損は赤）　25				
差　引　合　計　額　31		0	0	⓪

Ⅱ　資本金等の額の計算に関する明細書

区　　　　分	期首現在資本金等の額	当期の増減		差引翌期首現在資本金等の額 ① － ② ＋ ③
		減	増	
	①	②	③	④
資　本　金　又　は　出　資　金　32			100,000	100,000
そ　の　他　資　本　剰　余　金				
利益積立金額（適格株式交換）			△100,000	△100,000
差　引　合　計　額　36		0	0	0

《別表四と別表五（一）との検算》
（算式）

別表四		別表五（一）		別表五（一）	
「52」②	＋	「31」①	＝	「31」④	… 検算一致
(0)		(0)		(0)	

1-23　完全親法人の株式を完全親法人に　現物分配した場合（現物分配法人）

Q

　B社は適格株式交換により完全親法人のC社株式の交付を受けました。子法人は親会社の株式の保有は認められませんので、親会社C社に対して剰余金の配当としてC社株式（会計帳簿価額100,000（税務上0）、時価100,000）を現物分配（適格現物分配）しました。B社の申告調整は、どのようになりますか。

B社の税務上の純資産の部の状況

別表五（一）の期首の状況

I　利益積立金額の計算に関する明細書

区　　　　分	期首現在利益積立金額
Ｃ　社　株　式	△ 100,000
資　本　金　等　の　額（自 己 株 式 取 得）	87,500
繰越損益金（損は赤）	400,000

II　資本金等の額の計算に関する明細書

区　　　　分	期首現在資本金等の額
資 本 金 又 は 出 資 金	250,000
そ の 他 資 本 剰 余 金	100,000
利 益 積 立 金 額（自 己 株 式 取 得）	△ 87,500

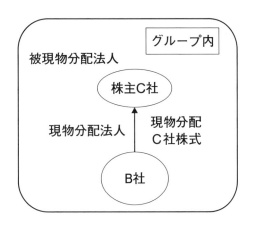

（会社処理）

繰越利益剰余金（B/S）	100,000	Ｃ社株式（B/S）	100,000

解説

1．税務処理について

(1)　現物分配の譲渡損益

　適格現物分配とは内国法人を現物分配法人とする現物分配のうち、その現物分配により資産の移転を受ける者がその現物分配の直前において当該内国法人との間に完全支配関係がある内国法人（普通法人又は協同組合等に限る。）のみであるものをいいます（法法2

十二の十五）。

　　B社が適格現物分配により株主C社にその保有するC社株式（現物）を交付した場合、B社は直前の帳簿価額による譲渡を行ったものとして処理されます（法法62の5③）。

　　また、B社が適格株式交換により取得したC社株式の帳簿価額は、0として処理されていますので譲渡損益0として処理します（法法61の2①）。

（算式）（法法61の2①）

$$\left(\underset{0}{\overset{\text{譲渡対価の額}}{\text{交付金銭等の額}}} - \underset{0}{\text{みなし配当の額}} \right) - \underset{0}{\text{譲渡原価の額（株式の帳簿価額）}} = \underset{0}{\text{譲渡損益}}$$

---

(2)　譲渡原価の額（株式の帳簿価額）

（算式）（法法61の2①二）

譲渡直前の帳簿価額0 ＝ 譲渡原価0

---

(3)　利益積立金額の減少額

　　B社は適格現物分配の場合、交付したC社株式（現物）のその交付直前の帳簿価額に相当する金額を利益積立金額から減算することとされています（法令9①八）。

　　B社の保有する資産C社株式は、帳簿価額0でしたので、0として処理します。

（算式）（法令9①八）

利益積立金額の減算額0 ＝ 交付金銭等の額0

---

(4)　源泉徴収

　　適格現物分配は所得税法上の配当所得から除かれていますので、源泉徴収はしないこととされています（所法24①）。

したがって、税務処理は次のとおりです。

（税務処理）

法令9①八 →　| 利益積立金額（B/S）　　　0　　　**C社株式**（B/S）　　　0 |

2.　修正処理について

　　会社処理と税務処理とを比較しますと、処理に差異が生じていますので修正処理する必要

があります。

（修正処理）

C社株式（B/S）	100,000	繰越利益剰余金（B/S）	100,000

① 別表四の申告調整は不要です。

② 別表五（一）は貸借対照表（C社株式）の消去処理のため、「C社株式」として100,000
加算します。

3.　別表調理について

（会社処理）

> 繰越利益剰余金 (B/S) 100,000　　C社株式 (B/S) 100,000

（修正処理）

> C社株式 (B/S)　100,000　　繰越利益剰余金 (B/S) 100,000

別表五（一）　Ⅰ　利益積立金額の計算に関する明細書

区　　分		期首現在利益積立金額 ①	当期の増減 減 ②	当期の増減 増 ③	差引翌期首現在利益積立金額 ①－②＋③ ④
利　益　準　備　金	1				
C　社　株　式		△100,000		100,000	0
資本金等の額（自己株式取得）		87,500			87,500
繰越損益金（損は赤）	25	400,000		△100,000	300,000
差　引　合　計　額	31	387,500		0	387,500

Ⅱ　資本金等の額の計算に関する明細書

区　　分		期首現在資本金等の額 ①	当期の増減 減 ②	当期の増減 増 ③	差引翌期首現在資本金等の額 ①－②＋③ ④
資本金又は出資金	32	250,000			250,000
その他資本剰余金		100,000			100,000
利益積立金額（自己株式取得）		△87,500			△87,500
差　引　合　計　額	36	262,500			262,500

《別表四と別表五（一）との検算》

（算式）

別表四「52」② ＋ 別表五（一）「31」① ＝ 別表五（一）「31」④　… 検算一致
(0)　　　　　　(387,500)　　　　　(387,500)

1-24 完全親法人の株式を完全親法人に現物分配した場合（被現物分配法人）

C社はB社から剰余金の配当としてC社株式（B社の会計上の帳簿価額100,000（税務上0）、時価100,000）の現物分配（適格現物分配）を受けました。C社の申告調整は、どのようになりますか。

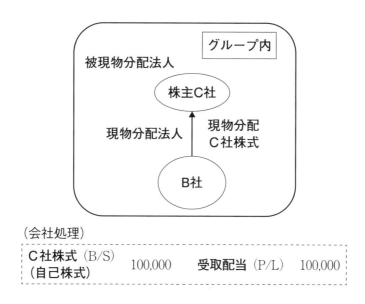

（会社処理）

C社株式（B/S）（自己株式）　100,000　　受取配当（P/L）　100,000

解説

1. 税務処理について

⑴ 現物分配の譲渡損益

株主C社は現物分配によりC社株式（自己株式）（現物）の交付を受けたので、益金の額に算入することとされています（法法22②）。

適格現物分配によりA社株式の交付を受けたことにより生ずる税務上の収益の額は、益金の額に算入しないこととされています（法法62の5④）。そのため適格現物分配に係る配当は、受取配当等の益金不算入制度の対象外とされています（法法23①、24①）。

本件では、適格現物分配によりC社株式を受けましたので帳簿価額0を益金算入しますが、同時に益金不算入の処理をすることになります。したがって、税務上の譲渡損益は0となります。

⑵　有価証券の取得価額

　交付を受けた C 社株式の取得価額は、B 社における適格現物分配の直前の帳簿価額 0 に相当する金額とされています（法法 62 の 5 ③⑥、法令 123 の 6 ①）。本件では、取得した有価証券は C 社株式（自己株式）であり、有価証券は存在しないこととされていますので帳簿価額は 0 となります。

⑶　利益積立金額の増加額

　適格現物分配による利益積立金額の増加額は、適格現物分配直前の帳簿価額 0 とされています（法令 9 ①四）。

⑷　資本金等の額の減少額（有価証券の譲渡損益額）

　完全支配関係の有価証券の譲渡損益は、次のとおり計算することとされています（法令 8 ①二十二）。

　本件は、資本金等の額の増減はないこととなります。

したがって、税務処理は次のとおりです。

（税務処理）

法令 123 の 6 ① →　| C 社株式（B/S）　　0　　受取配当（P/L）　　0 | ← 法法 22 ②

2.　修正処理について

　会社処理と税務処理とを比較しますと、処理に差異が生じていますので修正処理する必要があります。

（修正処理）

① 　別表四は「受取配当過大計上」として 100,000 減算（留保）します。

② 　別表五（一）は翌期以後の貸借対照表（C 社株式）の消去処理のため、「C 社株式（自己株式）」として 100,000 減算します。

3.　別表調理について

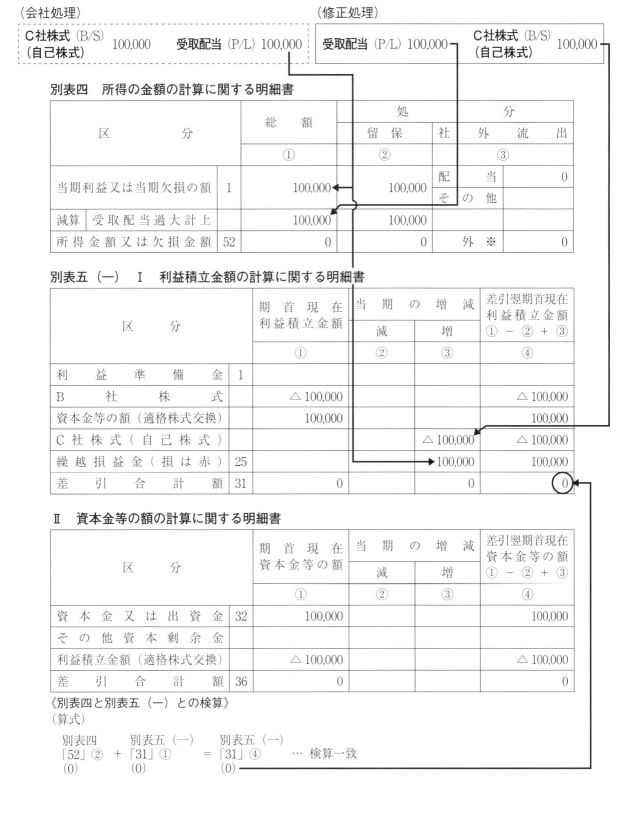

（会社処理）

C社株式（B/S）
（自己株式）　100,000　　受取配当（P/L）100,000

（修正処理）

受取配当（P/L）100,000　　C社株式（B/S）
（自己株式）　100,000

別表四　所得の金額の計算に関する明細書

区　　　分		総　額	処		分	
			留　保	社	外　流　出	
		①	②		③	
当期利益又は当期欠損の額	1	100,000	100,000	配　　当		0
				そ　の　他		
減算	受取配当過大計上	100,000	100,000			
所得金額又は欠損金額	52	0	0	外　※		0

別表五（一）　Ｉ　利益積立金額の計算に関する明細書

区　　　分		期首現在利益積立金額	当　期　の　増　減		差引翌期首現在利益積立金額 ① － ② ＋ ③
			減	増	
		①	②	③	④
利　益　準　備　金	1				
Ｂ　社　株　式			△100,000		△100,000
資本金等の額（適格株式交換）			100,000		100,000
Ｃ社株式（自己株式）				△100,000	△100,000
繰越損益金（損は赤）	25			100,000	100,000
差　引　合　計　額	31	0		0	0

Ⅱ　資本金等の額の計算に関する明細書

区　　　分		期首現在資本金等の額	当　期　の　増　減		差引翌期首現在資本金等の額 ① － ② ＋ ③
			減	増	
		①	②	③	④
資本金又は出資金	32	100,000			100,000
その他資本剰余金					
利益積立金額（適格株式交換）			△100,000		△100,000
差　引　合　計　額	36	0			0

《別表四と別表五（一）との検算》
（算式）

別表四　　　別表五（一）　　別表五（一）
「52」②　＋　「31」①　＝　「31」④　…　検算一致
（0）　　　　（0）　　　　　（0）

1-25　取得した完全親法人の株式を
非適格現物分配した場合（現物分配法人）

　B 社は適格株式交換により完全親法人の C 社株式の交付を受けました。子法人は親会社の株式の保有は認められませんので、親会社 C 社に対して剰余金の配当として C 社株式（会計帳簿価額 100,000（税務上 0）、時価 100,000）を現物分配（非適格現物分配）しました。B 社の申告調整は、どのようになりますか。

B 社の税務上の純資産の部の状況
別表五（一）の期首の状況
I　利益積立金額の計算に関する明細書

区　分	期 首 現 在 利益積立金額
C　社　株　式	△ 100,000
資 本 金 等 の 額（自 己 株 式 取 得）	87,500
繰越損益金（損は赤）	400,000

II　資本金等の額の計算に関する明細書

区　分	期 首 現 在 資本金等の額
資 本 金 又 は 出 資 金	250,000
そ の 他 資 本 剰 余 金	100,000
利 益 積 立 金 額（自 己 株 式 取 得）	△ 87,500

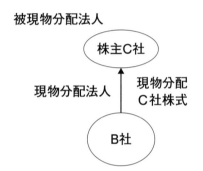

被現物分配法人

株主C社

現物分配法人　　現物分配 C社株式

B社

（会社処理）

繰越利益剰余金（B/S）	100,000	C 社株式（B/S）	100,000

解説

1.　税務処理について

(1)　現物分配の譲渡損益

　B 社が非適格現物分配により株主 C 社にその保有する C 社株式（現物）を交付した場合、B 社は時価 100,000 による譲渡を行ったものとして処理されます（法法22②）。

　B 社が適格株式交換により取得した C 社株式は、税務上の帳簿価額は 0 として処理され

ていますので、譲渡損益は次のとおり計算することとされています。

（算式）（法法 61 の 2 ①）

譲渡対価の額

$$\left(\begin{array}{c}時価 \\ 100,000\end{array} - \begin{array}{c}みなし配当の額 \\ 0\end{array}\right) - \begin{array}{c}譲渡原価の額（株式の帳簿価額）\\ 0\end{array} = \begin{array}{c}譲渡損益 \\ 100,000\end{array}$$

⑵　利益積立金額の減少額

　B社の減少する利益積立金額は、次のとおり計算することとされています（法令9①八）。

（算式）（法令9①八）

利益積立金額の減算額 100,000 ＝ 交付金銭等の額 100,000

したがって、税務処理は次のとおりです。

（税務処理）

法令9①八 →

利益積立金額（B/S）	100,000	C 社株式（B/S）	0
		譲渡益（P/L）	100,000

2.　修正処理について

　会社処理と税務処理とを比較しますと、処理に差異が生じていますので修正処理する必要があります。

（修正処理）

C 社株式（B/S）	100,000	譲渡益（P/L）	100,000

①　別表四は「譲渡益計上もれ」として 100,000 加算（留保）します。

②　別表五（一）は貸借対照表（C 社株式）の消去処理のため、「C 社株式」として 100,000 加算します。

3. 別表調理について

（会社処理）　　　　　　　　　　　　　　　（修正処理）

繰越利益剰余金 (B/S) 100,000　C社株式 (B/S) 100,000　│　C社株式 (B/S) 100,000　譲渡益 (P/L) 100,000

別表四　所得の金額の計算に関する明細書

区　　　分		総　　額	処　　　　　　　分		
			留　保	社　外　流　出	
		①	②	③	
当期利益又は当期欠損の額	1	0	△ 100,000	配　　当	100,000
				そ　の　他	
加算　譲渡益計上もれ		100,000	100,000		
所得金額又は欠損金額	52	100,000	0	外　※	100,000

別表五（一）　Ⅰ　利益積立金額の計算に関する明細書

区　　　分		期首現在利益積立金額	当　期　の　増　減		差引翌期首現在利益積立金額 ① － ② + ③
			減	増	
		①	②	③	④
利　益　準　備　金	1				
C　社　株　式		△ 100,000		100,000	0
資本金等の額（自己株式取得）		87,500			87,500
繰越損益金（損は赤）	25	400,000	△ 100,000		300,000
差　引　合　計　額	31	387,500		0	387,500

Ⅱ　資本金等の額の計算に関する明細書

区　　　分		期首現在資本金等の額	当　期　の　増　減		差引翌期首現在資本金等の額 ① － ② + ③
			減	増	
		①	②	③	④
資　本　金　又　は　出　資　金	32	250,000			250,000
そ　の　他　資　本　剰　余　金		100,000			100,000
利益積立金額（自己株式取得）		△ 87,500			△ 87,500
差　引　合　計　額	36	262,500			262,500

《別表四と別表五（一）との検算》
（算式）

別表四　　　別表五（一）　　別表五（一）
「52」②　+　「31」①　　=　「31」④　　… 検算一致
（0）　　　　（387,500）　　　（387,500）

1-26 取得した完全親法人の株式を 非適格現物分配した場合（被現物分配法人）

C社はB社から剰余金の配当としてC社株式（帳簿価額100,000（税務上0）、時価100,000）の現物分配（非適格現物分配）を受けました。C社の申告調整は、どのようになりますか。

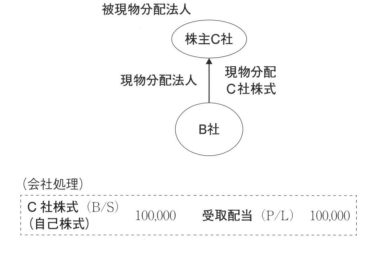

（会社処理）

C社株式（B/S）（自己株式）	100,000	受取配当（P/L）	100,000

解説

1. 税務処理について

株主C社は現物分配によりC社株式（自己株式）を取得したので、益金の額に算入することになります（法法22②）。

B社は剰余金の配当により、C社株式を非適格現物分配していますので、受取配当の資産の価額は時価100,000となります（法令119①二十七）。

C社が取得した資産はC社株式（自己株式）であるため、税務上その資産は有価証券に該当しないこととされていますので、帳簿価額は0として処理されます（法法2二十一）。

みなし配当事由に該当しない自己株式の取得は、資本金等の額の減少となります（法法24①五（）書き、法令8①二十一）。

資本金等の額の増加額

　C社の増加する資本金等の額は、自己株式を有価証券とみなした場合の取得価額とされています（法令8①二十一イ）。本件では、次のとおり計算することになります（法令119①二十七）。

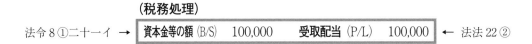

　（算式）（法令119①二十七）
　取得のために通常要する価額（時価）100,000 ＝ 取得価額 100,000

したがって、税務処理は次のとおりです。

（税務処理）

法令8①二十一イ → | 資本金等の額 (B/S)　100,000　　受取配当 (P/L)　100,000 | ← 法法22②

2.　修正処理について

　会社処理と税務処理とを比較しますと、処理に差異が生じていますので修正処理する必要があります。

（修正処理）

| **資本金等の額** (B/S)　100,000　　**C社株式** (B/S)　100,000 |

分解

（修正処理）

| **利益積立金額** (B/S)　100,000　　**C社株式** (B/S)　100,000 |
| **資本金等の額** (B/S)　100,000　　**利益積立金額** (B/S)　100,000 |

①　別表四の申告調整は不要です。
②　別表五（一）は翌期以後の貸借対照表（C社株式、利益積立金額、資本金等の額）の消去処理のため、「C社株式」として100,000減算します。
　　調整項目として、利益積立金額の計算明細は「資本金等の額」として100,000加算、資本金等の額の計算明細は「利益積立金額」として100,000減算します。この加減算は現在の企業会計処理上、解散清算するまで消去できません。

3.　別表調理について

（会社処理）

C社株式 (B/S)	100,000	受取配当 (P/L)	100,000
（自己株式）			

（修正処理）

利益積立金額 (B/S)	100,000	C社株式 (B/S)	100,000
資本金等の額 (B/S)	100,000	利益積立金額 (B/S)	100,000

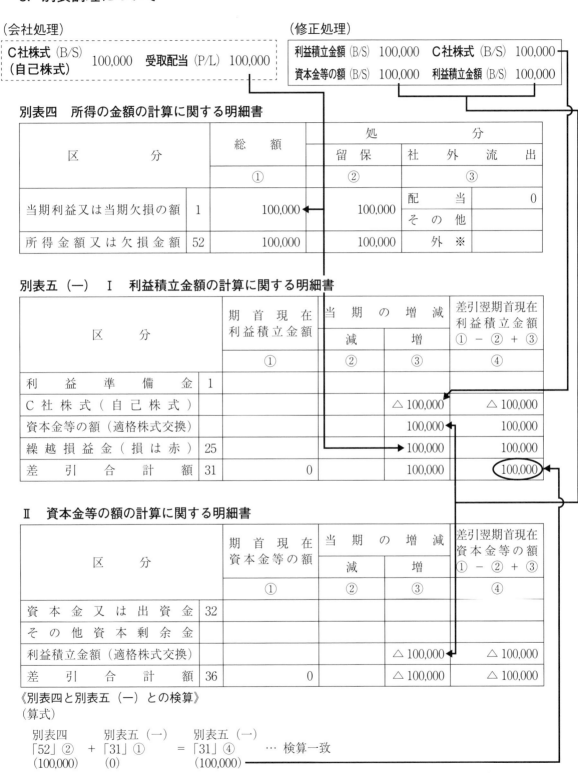

別表四　所得の金額の計算に関する明細書

区　　　分		総　　額	処　　　　　分		
			留　保	社　外　流　出	
		①	②	③	
当期利益又は当期欠損の額	1	100,000	100,000	配　　当	0
				そ　の　他	
所得金額又は欠損金額	52	100,000	100,000	外　※	

別表五（一）　Ⅰ　利益積立金額の計算に関する明細書

区　　　分		期首現在利益積立金額	当　期　の　増　減		差引翌期首現在利益積立金額 ① － ② ＋ ③
			減	増	
		①	②	③	④
利　益　準　備　金	1				
C 社 株 式（自 己 株 式）				△ 100,000	△ 100,000
資本金等の額（適格株式交換）				100,000	100,000
繰越損益金（損は赤）	25			100,000	100,000
差　引　合　計　額	31	0		100,000	100,000

Ⅱ　資本金等の額の計算に関する明細書

区　　　分		期首現在資本金等の額	当　期　の　増　減		差引翌期首現在資本金等の額 ① － ② ＋ ③
			減	増	
		①	②	③	④
資　本　金　又　は　出　資　金	32				
そ　の　他　資　本　剰　余　金					
利益積立金額（適格株式交換）				△ 100,000	△ 100,000
差　引　合　計　額	36	0		△ 100,000	△ 100,000

《別表四と別表五（一）との検算》

（算式）

```
別表四        別表五（一）    別表五（一）
「52」②   ＋ 「31」①    ＝ 「31」④    … 検算一致
（100,000）   （0）       （100,000）
```

1-27　親法人の所有する孫株式（譲渡損益調整資産）を譲渡した場合（譲渡法人）

A社は、B社とC社の株式を全部保有しています。A社はB社に対してC社株式（譲渡損益調整資産）を全部（10株、帳簿価額100、時価200）譲渡しました。A社の申告調整は、どのようになりますか。

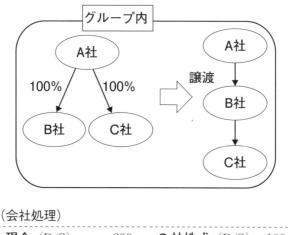

（会社処理）

現金（B/S）	200	C社株式（B/S）	100
		譲渡益（P/L）	100

※　百分率は資本関係を表しています（以下同じ）

解説

1. 税務処理について

完全支配関係がある法人間の資産の譲渡等について、内国法人A社がC社株式（譲渡損益調整資産）をB社に譲渡した場合、そのC社株式に係る譲渡益は益金の額に算入することとされています（法法61の11①）。

したがって、税務処理は、次のとおりです。

（税務処理）

現金（B/S）	200	C社株式（B/S）	100
		譲渡益（P/L）	100
法法61の11① → 譲渡損益調整勘定繰入額（P/L）	100	譲渡損益調整資産（B/S）（C社株式）	100

2. 修正処理について

　会社処理と税務処理とを比較しますと、処理に差異が生じていますので修正処理する必要があります。

（修正処理）

譲渡損益調整勘定繰入額（P/L）	100	譲渡損益調整資産（B/S）（C社株式）	100

①　別表四は「譲渡損益調整勘定繰入額」として100減算（留保）します。

②　別表五（一）は翌期以後の貸借対照表（譲渡損益調整資産（C社株式））の消去処理のため、「譲渡損益調整資産（C社株式）」として100減算します。

3. 別表調理について

（会社処理）

現金（B/S）	200	C社株式（B/S）	100
		譲渡益（P/L）	100

（修正処理）

譲渡損益調整勘定繰入額 （P/L）	100	譲渡損益調整資産 （B/S）（C社株式）	100

別表四　所得の金額の計算に関する明細書

区　　　　　分		総　額	処		分	
			留　保	社	外　流　出	
		①	②		③	
当 期 利 益 又 は 当 期 欠 損 の 額	1	100	100	配　　当		
				その他		
減算	譲渡損益調整勘定繰入額	100	100			
所 得 金 額 又 は 欠 損 金 額	52	0	0	外　※		0

別表五（一）　Ⅰ　利益積立金額の計算に関する明細書

区　　　　　分		期 首 現 在 利 益 積 立 金 額	当 期 の 増 減		差引翌期首現在 利 益 積 立 金 額 ① － ② ＋ ③
			減	増	
		①	②	③	④
利 　益 　準 　備 　金	1				
譲渡損益調整資産（C社株式）				△ 100	△ 100
繰 越 損 益 金 (損 は 赤)	25			100	100
差 　引 　合 　計 　額	31	0	0	0	0

《別表四と別表五（一）との検算》
（算式）

別表四　　　別表五（一）　　別表五（一）
「52」②　＋　「31」①　　＝「31」④　　… 検算一致
（0）　　　　（0）　　　　　（0）

1-28 親法人の所有する孫株式（譲渡損益調整資産）を譲渡した場合（譲受法人）

B社は、A社から購入したC社株式（譲渡損益調整資産）をC社に対して、相対取引により10株中2株（帳簿価額20、時価30）譲渡しました。B社の申告調整は、どのようになりますか。

C社の税務上の純資産の部の状況

資 本 金 等 の 額	100
利 益 積 立 金 額	200
発 行 済 株 式 総 数	10株

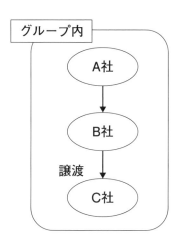

グループ内

A社 → B社 → 譲渡 → C社

（会社処理）

現金（B/S）	30	C社株式（B/S）	20
		譲渡益（P/L）	10

解説

1. 税務処理について

株主B社が相対取引によりC社（発行法人）に対してC社株式を譲渡したため、C社においてはC社株式（自己株式）を取得したことになります。

株主B社が相対取引により発行法人C社に対してC社株式を譲渡し金銭等の交付を受けた場合、C社における「資本金等の額」の減少額は、C社株式の譲渡損益計算上の「譲渡対価の額」となります（法法61の2①）。また、C社における「利益積立金額」の減少額は、「みなし配当の額」となります（法法24①五）。

(1)　みなし配当の額

　株主B社がC社の自己株式の取得により金銭等の交付を受けた場合、その金銭等の額がC社の資本金等の額のうち、その交付の基因となったその法人の株式に対応する部分の金額を超えるときは、その超える部分の金額がみなし配当の額とされています（法法24①五）。

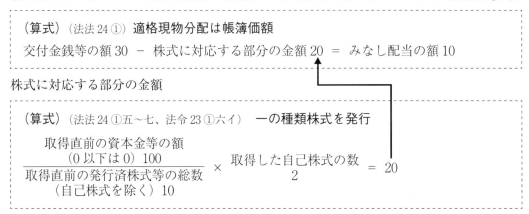

（算式）（法法24①）適格現物分配は帳簿価額

交付金銭等の額 30 － 株式に対応する部分の金額 20 ＝ みなし配当の額 10

株式に対応する部分の金額

（算式）（法法24①五〜七、法令23①六イ）　一の種類株式を発行

$$\frac{\text{取得直前の資本金等の額}（0以下は0）100}{\text{取得直前の発行済株式等の総数}（自己株式を除く）10} \times \frac{\text{取得した自己株式の数}}{2} = 20$$

(2)　有価証券の譲渡損益

　C社株式の譲渡損益は、次のとおり計算することとされています（法法61の2①）。

（算式）（法法61の2①）

$$\left(\underset{30}{\text{交付金銭等の額}} - \underset{10}{\text{みなし配当の額}}\right) \overset{\text{譲渡対価の額}}{} - \underset{20}{\text{譲渡原価の額（株式の帳簿価額）}} = \underset{0}{\text{譲渡損益}}$$

(3)　譲渡原価の額 （株式の帳簿価額）

（算式）（法法61の2①二）

譲渡直前の帳簿価額@ 10 × 2株 ＝ 譲渡原価 20

　したがって、税務処理は次のとおりです。

（税務処理）

現金（B/S）	30	譲渡対価（P/L）	20	← 法法61の2①一
		みなし配当（P/L）	10	← 法法24①五
法法61の2①二 → 譲渡原価（P/L）	20	C社株式（B/S）	20	

2.　修正処理について

　会社処理と税務処理とを比較しますと、処理に差異が生じていますので修正処理する必要

があります。

（修正処理）

譲渡益（P/L）	10	みなし配当（P/L）	10

　別表四は「みなし配当計上もれ」として10加算（留保）、「譲渡益過大」として10減算（留保）します（加算額と減算額が同額であるため申告調整は省略可）。

3. その他

　受取配当等の益金不算入の適用を受ける場合には、法人税の確定申告書、修正申告書又は更正請求書に益金不算入の配当等の額及びその計算に関する明細（申告書別表八）を記載した書類の添付がある場合に限り、適用が認められています（法法23⑧）。

4.　別表調理について

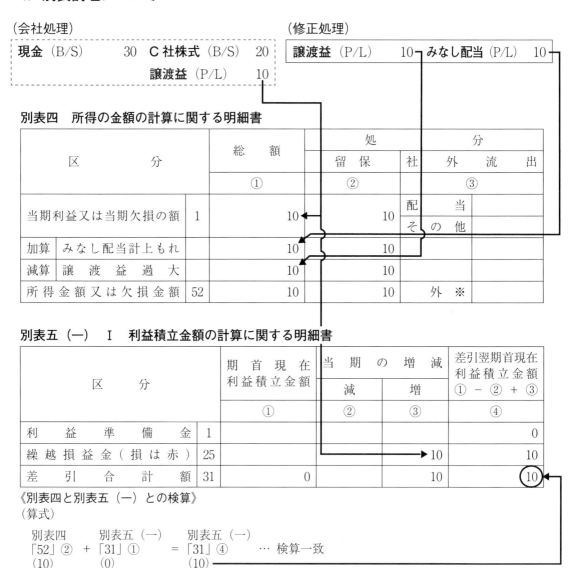

（会社処理）

現金（B/S）	30	C社株式（B/S）	20
		譲渡益（P/L）	10

（修正処理）

譲渡益（P/L）	10	みなし配当（P/L）	10

別表四　所得の金額の計算に関する明細書

区　　　　分		総　　額	処		分	
			留　保	社 外	流　　出	
		①	②		③	
当期利益又は当期欠損の額	1	10	10	配　　当		
				その他		
加算	みなし配当計上もれ	10	10			
減算	譲渡益過大	10	10			
所得金額又は欠損金額	52	10	10	外　※		

別表五（一）　I　利益積立金額の計算に関する明細書

区　　　分		期首現在利益積立金額	当　期　の　増　減		差引翌期首現在利益積立金額 ① － ② ＋ ③
			減	増	
		①	②	③	④
利　益　準　備　金	1				0
繰越損益金（損は赤）	25			10	10
差　引　合　計　額	31	0		10	⑩

《別表四と別表五（一）との検算》

（算式）

別表四　　　　別表五（一）　　　別表五（一）
「52」②　＋　「31」①　　＝　「31」④　　… 検算一致
（10）　　　　（0）　　　　　（10）

1-29 譲受法人が孫株式を孫に譲渡した場合(孫会社)

Q

B社は、A社から購入したC社株式（譲渡損益調整資産）をC社に対して、相対取引により10株中2株（帳簿価額20、時価30）譲渡しました。C社の申告調整は、どのようになりますか。

C社の税務上の純資産の部の状況

資 本 金 等 の 額	100
利 益 積 立 金 額	200
発 行 済 株 式 総 数	10株

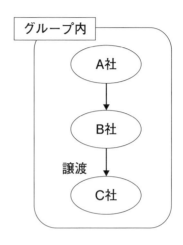

（会社処理）

C社株式（B/S） （自己株式）	30	現金（B/S）	30

解説

1. 税務処理について

発行法人C社が相対取引により株主B社からC社株式（自己株式）を取得しB社に金銭等を交付した場合は、C社においては「資本の払戻し」と「剰余金の配当（みなし配当）」を行ったものとされ、「資本金等の額」の減少と「利益積立金額」の減少として処理されます（法法24①五、法令8①二十、9①十四）。

なお、「みなし配当の額」が生じる事由に該当しない場合、例えば、上場株式の市場における取得等には利益積立金額の減少はなく、その取得対価の全額が「資本金等の額」の減少となります（法法24①五（　）書き、法令8①二十一）。本件は相対取引なので非該当です。

(1)　資本金等の額の減少額

　C社の減少する資本金等の額は、次のとおり計算することとされています（法令8①二十）。

（算式）（法令8①二十、法法24①五〜七）一の種類株式を発行

※　取得資本金額（交付金銭等の額が限度（適格現物分配は帳簿価額））

$$\frac{\text{取得直前の資本金等の額（0以下は0）100}}{\text{取得直前の発行済株式等の総数（自己株式を除く）10}} \times \frac{\text{取得した自己株式の数}}{2} = 20$$

---

(2)　利益積立金額の減少額

　C社の減少する利益積立金額は、次のとおり計算することとされています（法令9①十四）。

（算式）（法令9①十四、8①二十）

交付金銭等の額30 − 取得資本金額20 ＝ みなし配当の額10

　したがって、税務処理は次のとおりです。

（税務処理）

法令8①二十　→　| 資本金等の額（B/S） | 20 | 現金（B/S） | 30 |
法令9①十四　→　| みなし配当（P/L） | 10 | | |

※　借方「みなし配当」は、損益計算上費用となり、利益積立金額の減少となります。

2.　修正処理について

　会社処理と税務処理とを比較しますと、処理に差異が生じていますので修正処理する必要があります。

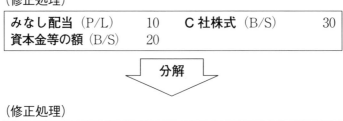

（修正処理）

| みなし配当（P/L） | 10 | C社株式（B/S） | 30 |
| 資本金等の額（B/S） | 20 | | |

分解

（修正処理）

みなし配当（P/L）	10	C社株式（B/S）	30
利益積立金額（B/S）	20		
資本金等の額（B/S）	20	利益積立金額（B/S）	20

(1) 第一ステップ（会計処理との差異）の処理

① 別表四は「みなし配当認容」として10減算（留保）します。

② 別表五（一）は翌期以後の貸借対照表（利益積立金額、資本金等の額、C社株式）の消去処理のため、「C社株式（自己株式）」として30減算します。

調整項目として、利益積立金額の計算明細は「資本金等の額」として20加算、資本金等の額の計算明細は「利益積立金額」として20減算します。この加減算は現在の企業会計処理上、解散清算するまで消去できません。

(2) 第二ステップ（別段の定め）の処理

利益又は剰余金の配当は、資本等取引とされています（法法22⑤）。

資本等取引に係るものは、損金不算入となっています（法法22③三）。

したがって、別表四は「みなし配当」として10加算（流出）します。

3. 別表調理について

（会社処理）

C社株式（B/S）　　30　現金（B/S）　　　30

（修正処理）

みなし配当（P/L）	10	C社株式（B/S）	30
利益積立金額（B/S）	20		
資本金等の額（B/S）	20	利益積立金額（B/S）	20

別表四　所得の金額の計算に関する明細書

区　　分		総　額	処　　　　　　分		
			留　保	社　外　流　出	
		①	②	③	
当期利益又は当期欠損の額	1	0	0	配　　当	
				その他	
加算	み　な　し　配　当	10			10
減算	み な し 配 当 認 容	10	10		
所 得 金 額 又 は 欠 損 金 額	52	0	△10	外　※	10

別表五（一）　Ⅰ　利益積立金額の計算に関する明細書

区　　分		期 首 現 在 利益積立金額	当 期 の 増 減		差引翌期首現在 利益積立金額 ① － ② + ③
			減	増	
		①	②	③	④
利　益　準　備　金	1				
C 社 株 式（自 己 株 式）				△30	△30
資本金等の額（自己株式取得）				20	20
繰 越 損 益 金（損 は 赤）	25	200		0	200
差　引　合　計　額	31	200		△10	(190)

Ⅱ　資本金等の額の計算に関する明細書

区　　分		期 首 現 在 資本金等の額	当 期 の 増 減		差引翌期首現在 資本金等の額 ① － ② + ③
			減	増	
		①	②	③	④
資 本 金 又 は 出 資 金	32	100			100
そ の 他 資 本 剰 余 金					
利益積立金額（自己株式取得）				△20	△20
差　引　合　計　額	36	100		△20	80

《別表四と別表五（一）との検算》

（算式）

別表四　　　　　別表五（一）　　　別表五（一）
「52」②　＋　「31」①　　＝　「31」④　　… 検算一致
（△10）　　　（200）　　　　（190）

1-30 譲渡法人の孫株式（譲渡損益調整資産）の 戻入れ（譲渡法人）

B社は、A社から購入したC社株式（譲渡損益調整資産）をC社に対して、10株中2株（帳簿価額20、時価30）譲渡しました。A社の申告調整は、どのようになりますか。

C社の税務上の純資産の部の状況

資 本 金 等 の 額	100
利 益 積 立 金 額	200
発 行 済 株 式 総 数	10株

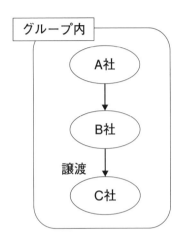

（会社処理）

なし

解説

1. 税務処理について

A社が株式（譲渡損益調整資産）に係る譲渡利益額を繰り延べている場合、B社において株式を譲渡したときは、その株式に係る譲渡利益額は、益金の額に算入することとされています（法法61の11②、法令122の12④）。

譲渡損益調整資産が株式である場合は、繰り延べた譲渡損益100のうち、譲受法人B社が譲渡した株式数に対応する金額を戻入れすることとされています（法令122の12④六）。

B社が保有するC社株式10株のうち2株譲渡されていますので、対応する金額20を戻入れすることになります。

したがって、税務処理は次のとおりです。

（税務処理）

譲渡損益調整資産 （B/S）(C 社株式)	20	譲渡損益調整勘定 戻入額（P/L）	20

← 法法61の11②

※　「譲渡」には、完全支配関係がある他の法人に対する譲渡も含まれます。

2.　修正処理について

　会社処理と税務処理とを比較しますと、処理に差異が生じていますので修正処理する必要があります。

（修正処理）

譲渡損益調整資産（B/S）(C 社株式)	20	譲渡損益調整勘定戻入額（P/L）	20

①　別表四は「譲渡損益調整勘定戻入額」として 20 加算（留保）します。

②　別表五（一）は貸借対照表（譲渡損益調整資産（C 社株式））の消去処理のため、「譲渡損益調整資産（C 社株式)」として 20 加算します。

3. 別表調理について

（会社処理）
なし

（修正処理）

| 譲渡損益調整資産
（B/S）（C社株式） | 20 | 譲渡損益調整勘定戻入額
（P/L） | 20 |

別表四　所得の金額の計算に関する明細書

区　　　　　分		総　　額	処　　　　　　分		
			留　保	社　外　流　出	
		①	②	③	
当 期 利 益 又 は 当 期 欠 損 の 額	1	0	0	配　　当	
				そ の 他	
加算	譲渡損益調整勘定戻入額	20	20		
所 得 金 額 又 は 欠 損 金 額	52	20	20	外　※	0

別表五（一）　I　利益積立金額の計算に関する明細書

区　　　　　分		期 首 現 在 利益積立金額	当 期 の 増 減		差引翌期首現在 利益積立金額 ① － ② ＋ ③
			減	増	
		①	②	③	④
利 　 益 　 準 　 備 　 金	1				
譲渡損益調整資産（C社株式）		△100		20	△80
繰 越 損 益 金 (損 は 赤)	25	100		0	100
差 　 引 　 合 　 計 　 額	31	0		20	20

《別表四と別表五（一）との検算》
（算式）

別表四　　　別表五（一）　　別表五（一）
「52」②　＋「31」①　　＝「31」④　　… 検算一致
（20）　　　（0）　　　　　（20）

1-31 無対価適格合併により取得した自己株式

Q

合併法人A社は被合併法人B社を吸収合併しました（適格合併）。合併状況は次のとおりです。A社の申告調整は、どのようになりますか。

（条件）

・B社の合併直前の貸借対照表は、次のとおりです。

・A社は、資本金を500増加しました。

・A社は、新株等を発行しませんでした（無対価合併）。

・B社の所有するA社株式（合併により自己株式取得となる）の帳簿価額は、100です。

・C社が所有するB社株式（被合併法人株式）の帳簿価額は、900です。

・B社の資産等は、時価により受け入れました。

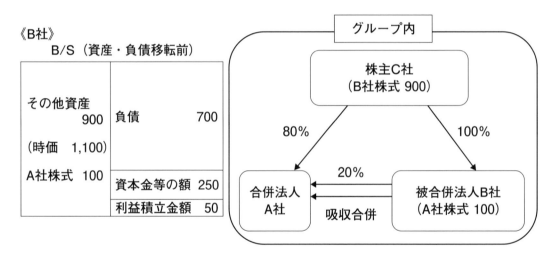

《B社》
B/S（資産・負債移転前）

その他資産 900	負債 700
（時価 1,100）	
A社株式 100	資本金等の額 250
	利益積立金額 50

（会社処理）

資産（B/S）	1,100	**負債**（B/S）	700
A社株式（B/S）**（自己株式）**	100	**資本金**（B/S）	500

解説

1. 税務処理について

⑴ 資産負債の取得価額

合併法人A社は、被合併法人B社から資産等を帳簿価額により引継ぎを受けることとされています（法法62の2④、法令123の3③）。

資産負債の移転の取扱い		
	原　則	特　例
合併	【被合併法人】 ・資産負債の時価譲渡（法法62） 【合併法人】 ・資産負債の時価取得（法法22）	【被合併法人】 ・資産負債の簿価引継ぎ（法法62の2） 【合併法人】 ・資産負債の簿価引継ぎ（法令123の3③）

⑵　資本金等の額の増加額

　A社の増加する資本金等の額は、次のとおり計算することとされています（法令8①五ハ）。

（算式）（法令8①五ハ）

被合併法人の資本金等の額 250 － （増加資本金の額 500 ＋ 交付金銭等の額 0 ＋ 抱合株式の帳簿価額 0） ＝ △250

※　増加資本金の額は登記簿上の金額

⑶　資本金等の額の減少額

　合併法人A社はB社を合併することによりA社株式を取得（自己株式）することになります。適格合併による自己株式の取得は、みなし配当事由に該当しないこととされています（法法24①一）。

　この場合はそのA社株式の帳簿価額が資本金等の額の減少額となります（法令8①二十一ロ）。

（算式）（法令8①二十一ロ）適格合併における被合併法人から引き継いだ自己株式

　帳簿価額100 － 費用の額0 ＝ 100

⑷　利益積立金額の増加額

　A社の増加する利益積立金額は、次のとおり計算することとされています（法令9①二）。

（算式）（法令9①二）

移転資産帳簿価額 1,000 － （移転負債帳簿価額 700 ＋ 増加資本金の額 250（＝500－250） ＋ 抱合株式の帳簿価額 0） ＝ 50

したがって、税務処理は次のとおりです。

（税務処理）

資産（B/S）	900		負債（B/S）	700	← 法令123の3③
A社株式（B/S）	100				
法令8①五ハ → 資本金等の額（B/S）	250		資本金（B/S）	500	← 法令9①二
			利益積立金額（B/S）	50	
法令8①二十一ロ → 資本金等の額（B/S）	100		A社株式（B/S）	100	

2. 修正処理について

　会社処理と税務処理とを比較しますと、処理に差異が生じていますので修正処理する必要があります。

（修正処理）

資本金等の額（B/S）	350	資産（B/S）	200
		A社株式（B/S）（自己株式）	100
		利益積立金額（B/S）	50

分解

（修正処理）

利益積立金額（B/S）	300	資産（B/S）	200
		A社株式（B/S）（自己株式）	100
資本金等の額（B/S）	350	利益積立金額（B/S）	350

①　別表四の申告調整は不要です。

②　別表五（一）は翌期以後の貸借対照表（資産、A社株式、利益積立金額、資本金等の額）の消去処理のため、「資産」として200減算、「A社株式（自己株式）」として100減算します。

　　調整項目として、利益積立金額の計算明細は「資本金等の額」として350加算、資本金等の額の計算明細は「利益積立金額」として350減算します。この加減算は現在の企業会計処理上、解散清算するまで消去できません。

3. 別表調理について

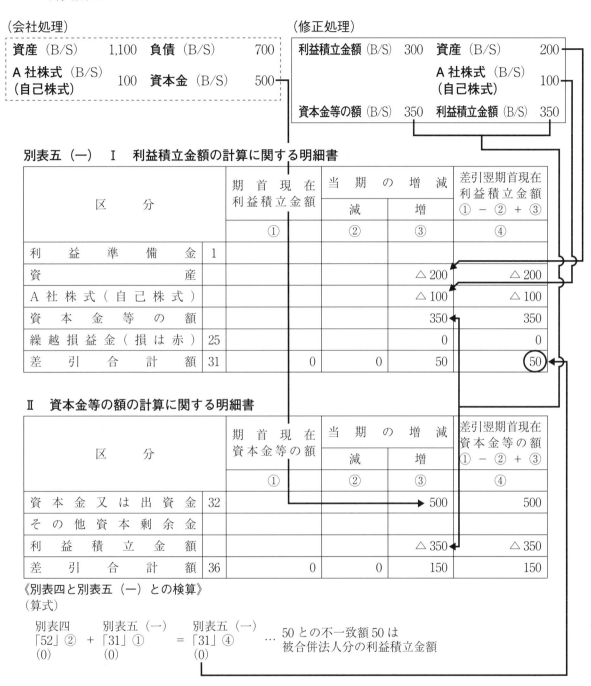

（会社処理）

| 資産（B/S） | 1,100 | 負債（B/S） | 700 |
| A社株式（B/S）（自己株式） | 100 | 資本金（B/S） | 500 |

（修正処理）

利益積立金額（B/S）	300	資産（B/S）	200
		A社株式（B/S）（自己株式）	100
資本金等の額（B/S）	350	利益積立金額（B/S）	350

別表五（一）　Ⅰ　利益積立金額の計算に関する明細書

区　　　分		期首現在利益積立金額	当期の増減		差引翌期首現在利益積立金額①－②＋③
		①	減 ②	増 ③	④
利　益　準　備　金	1				
資　　　　　　　　産				△200	△200
A　社　株　式（自己株式）				△100	△100
資　本　金　等　の　額				350	350
繰越損益金（損は赤）	25			0	0
差　引　合　計　額	31	0	0	50	㊿

Ⅱ　資本金等の額の計算に関する明細書

区　　　分		期首現在資本金等の額	当期の増減		差引翌期首現在資本金等の額①－②＋③
		①	減 ②	増 ③	④
資本金又は出資金	32			500	500
そ の 他 資 本 剰 余 金					
利　益　積　立　金　額				△350	△350
差　引　合　計　額	36	0	0	150	150

《別表四と別表五（一）との検算》

（算式）

別表四　　　別表五（一）　　　別表五（一）
「52」②　＋　「31」①　　＝　「31」④　　　… 50との不一致額50は
（0）　　　（0）　　　　　（0）　　　　　　被合併法人分の利益積立金額

1-32　グループ内の非適格合併により合併法人が取得した自己株式と譲渡損益調整資産

Q

　合併法人A社は被合併法人B社を吸収合併（非適格合併）しました。合併状況は次のとおりです。A社の申告調整はどのようになりますか。

（条件）

・A社はB社の資産600（時価800）、負債300を次のとおり受け入れました。

・B社の株主C社に対してA社株式（時価500）を交付しました。

・B社はA社株式を保有しています。合併によりA社は自己株式を取得することになります。

・B社所有のA社株式の帳簿価額は100（時価200）であり、譲渡損益調整資産です。その他資産は非該当です。

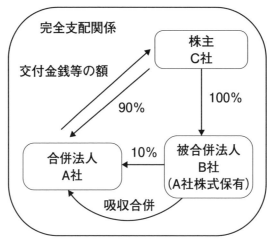

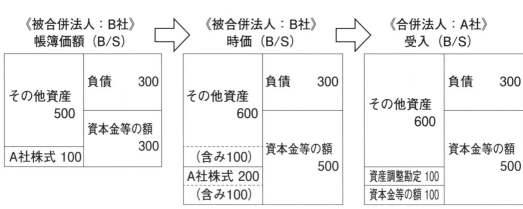

（会社処理）

その他資産（B/S）	600	負債（B/S）	300
A社株式（B/S）（自己株式）	200	資本金（B/S）	200
		資本剰余金（B/S）	300

解説

1. 税務処理について

(1) 資産負債の取得価額

　被合併法人B社から受ける資産負債の取得価額は、非適格合併なので時価による取得価額となります（法法22②）。

	資産負債の移転の取扱い	
	原　則	特　例
合併	【被合併法人】 ・資産負債の時価譲渡（法法62） 【合併法人】 ・資産負債の時価取得（法法22②）	【被合併法人】 ・資産負債の簿価引継ぎ（法法62の2） 【合併法人】 ・資産負債の簿価引継ぎ（法令123の3③）

(2) 譲渡損益調整資産の取得価額

　非適格合併により合併法人A社へ資産等を移転したときは、時価で譲渡したものとして処理します（法法22②）。

　合併法人A社は、完全支配関係にある法人B社から取得した資産が譲渡損益調整資産である場合、その資産に係る譲渡損益額100は取得価額に算入しないものとされています（法法61の11①⑦）。

　したがって、合併法人A社において、非適格合併によるA社株式（譲渡損益調整資産）の移転については、帳簿価額100での移転となります。

　A社株式は自己株式となるため、本件では別途資本金等の額の増減として処理されます。

(3) 利益積立金額の減算

　合併法人A社が被合併法人B社から移転を受けたA社株式（譲渡損益調整資産）の取得価額に係る譲渡損益額100は、利益積立金額の減算項目とされています（法令9①一ヲ）。

　自己株式は法人税法上、有価証券に該当しないこととされていますので、譲渡損益調整資産に該当しないことになります（法法61の11①、法令122の12）。したがって、被合併法人B社における譲渡損益調整資産に係る譲渡損益の繰り延べはありません。

(4)　非適格合併等により移転を受ける資産等に係る調整勘定

　合併法人Ａ社が被合併法人Ｂ社から非適格合併により移転を受けた資産等の非適格合併等対価額（交付新株等）と資産等の時価純資産価額を比較して、時価純資産価額が小さい方の差額が資産調整勘定、大きい方の差額が負債調整勘定となります（法法62の8①③）。

　非適格合併により取得した資産に自己株式がある場合は、その自己株式は法人税法上、有価証券に該当しないこととされていますので存在しないものとして処理することになります（法法2二十一、62の8①）。

　したがって、被合併法人Ｂ社の株主に交付した非適格合併等対価額のＡ社株式の時価500に対して時価純資産価額は400（資産800－自己株式100－負債300）となりますので、資産調整勘定は100となります。

(5)　資本金等の額の増加額

　合併法人Ａ社の増加する資本金等の額は、次のとおり計算することとされています（法令8①五イ）。

> **（算式）**（法令8①五イ）
>
> $$\underset{500}{\underset{\text{の額}}{\text{交付金銭等}}} - \left(\underset{200}{\underset{\text{の額}}{\text{増加資本金}}} + \underset{0}{\underset{\text{の額}}{\text{交付金銭等}}} + \underset{0}{\underset{\text{帳簿価額}}{\text{抱合株式の}}} + \underset{0}{\underset{\text{みなし配当の額}}{\text{抱合株式に係る}}} \right) = 300$$
>
> ※　増加資本金の額は登記簿上の金額

(6)　資本金等の額の減少額（自己株式取得に係るもの）

　みなし配当事由によらない自己株式の取得については、「取得の対価の額」に相当する金額200が減少額となります（法令8①二十一）。

　取得の対価の額は、完全支配関係がある法人間の取引により移転を受けた自己株式で譲渡損益調整資産である場合には、時価から譲渡損益額を加減算した額が取得の対価となります（被合併法人Ｂ社におけるＡ社株式の帳簿価額100（法令119①二十七））。

　本件は自己株式の取得が非適格合併によるものであり、また、みなし配当事由から除かれていますので、次の算式により計算されます（法法24①五、法令23③五）。

> **（算式）**（法令8①二十一）対価の額に相当する額（次に定める金額）
> 譲渡損益調整資産（グループ内取引）（法令119①二十七）
> 時価200　－　譲渡損益額100　＝　100

　したがって、税務処理は次のとおりです。

（税務処理）

<table>
<tr><td>その他資産（B/S）</td><td>600</td><td>負債（B/S）</td><td>300</td></tr>
<tr><td>資産調整勘定（B/S）</td><td>100</td><td>資本金（B/S）</td><td>200</td></tr>
<tr><td>資本金等の額（B/S）</td><td>100</td><td>資本金等の額（B/S）</td><td>300</td></tr>
</table>

法法62の8① →

法令8①二十一 →

← 法令8①五イ

2．修正処理について

　会社処理と税務処理とを比較しますと、処理に差異が生じていますので修正処理する必要があります。

（修正処理）

<table>
<tr><td>資産調整勘定（B/S）</td><td>100</td><td>A社株式（B/S）（自己株式）</td><td>200</td></tr>
<tr><td>資本金等の額（B/S）</td><td>100</td><td></td><td></td></tr>
</table>

分解

（修正処理）

<table>
<tr><td>資産調整勘定（B/S）</td><td>100</td><td>A社株式（B/S）（自己株式）</td><td>200</td></tr>
<tr><td>利益積立金額（B/S）</td><td>100</td><td></td><td></td></tr>
<tr><td>資本金等の額（B/S）</td><td>100</td><td>利益積立金額（B/S）</td><td>100</td></tr>
</table>

① 　別表四の申告調整は不要です。

② 　別表五（一）は翌期以後の貸借対照表（資産調整勘定、A社株式、利益積立金額、資本金等の額）の消去処理のため、「資産調整勘定」として100加算、「A社株式（自己株式）」として200減算します。

　　調整項目として、利益積立金額の計算明細は「資本金等の額」として100加算、資本金等の額の計算明細は「利益積立金額」として100減算します。この加減算は現在の企業会計処理上、解散清算するまで消去できません。

3. 別表調理について

（会社処理）

その他資産（B/S）600	負債（B/S）300
A社株式（B/S）200 （自己株式）	資本金（B/S）200
	資本剰余金（B/S）300

（修正処理）

資産調整勘定（B/S）100	A社株式（B/S）200 （自己株式）
利益積立金額（B/S）100	
資本金等の額（B/S）100	利益積立金額（B/S）100

別表四　所得の金額の計算に関する明細書

区　　分		総　額	処　　　　　分			
			留　保	社	外　流　出	
		①	②		③	
当期利益又は当期欠損の額	1	0	0	配　当		
				その他		
所得金額又は欠損金額	52	0	0	外 ※		0

別表五（一）　Ⅰ　利益積立金額の計算に関する明細書

区　　分		期首現在 利益積立金額	当　期　の　増　減		差引翌期首現在 利益積立金額 ① － ② + ③
			減	増	
		①	②	③	④
利　益　準　備　金	1				
資　産　調　整　勘　定				100	100
A社株式（自己株式）				△200	△200
資　本　金　等　の　額				100	100
繰越損益金（損は赤）	25			0	0
差　引　合　計　額	31	0	0	0	0

Ⅱ　資本金等の額の計算に関する明細書

区　　分		期首現在 資本金等の額	当　期　の　増　減		差引翌期首現在 資本金等の額 ① － ② + ③
			減	増	
		①	②	③	④
資本金又は出資金	32			200	200
資　本　剰　余　金				300	300
利　益　積　立　金　額				△100	△100
差　引　合　計　額	36	0	0	400	400

《別表四と別表五（一）との検算》
（算式）

別表四　　　別表五（一）　別表五（一）
「52」② ＋ 「31」① ＝ 「31」④ … 検算一致
(0) 　　　 (0) 　　　 (0)

1-33 新株予約権の権利行使により交付した自己株式

Q

発行法人 B 社は新株予約権を発行していました。その一部の権利行使が行われ、株主 A に、B 社株式（自己株式）を交付しました。B 社の申告調整は、どのようになりますか。

B 社の税務上の純資産の部の状況

別表五（一）の期首の状況

Ⅰ 利益積立金額の計算に関する明細書

区　　　分	期首現在 利益積立金額
B 社 株 式 (自 己 株 式)	△500,000
資 本 金 等 の 額 (自 己 株 式 取 得)	500,000
繰 越 損 益 金 (損 は 赤)	0
差 引 合 計 額	0

Ⅱ 資本金等の額の計算に関する明細書

区　　　　　　　　分	期首現在 資本金等の額
資 本 金 又 は 出 資 金	1,250,000
そ の 他 資 本 剰 余 金	1,250,000
利 益 積 立 金 額 (自 己 株 式 取 得)	△500,000
差 引 合 計 額	2,000,000

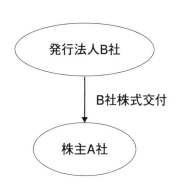

発行法人B社

↓ B社株式交付

株主A社

（会社処理）

現金（B/S）	200,000（※1）	B 社株式（B/S） （自己株式）	440,000（※2）
新株予約権（B/S）	400,000（※3）	自己株式処分差益（B/S） （その他資本剰余金）	160,000

※1 権利行使価格：50,000/個×権利行使数 4 個＝200,000
※2 自己株式の帳簿価額：11,000/株×4 個×10 株＝440,000
※3 新株予約権の帳簿価格：100,000/個×権利行使数 4 個＝400,000

1. 税務処理について

資本金等の額の増加額

　　B社の増加する資本金等の額は、次のとおり計算することとされています（法令8①二）。

（算式）（法令8①二）

$$\left(\begin{array}{l}\text{払い込まれた} \\ \text{金銭等の額} \\ \quad 200,000\end{array} + \begin{array}{c}\text{新株予約権の帳簿価額} \\ 400,000\end{array}\right) - \begin{array}{c}\text{増加資本金の額} \\ 0\end{array} = 600,000$$

　　※　増加資本金の額は登記簿上の金額

　　したがって、税務処理は次のとおりです。

（税務処理）

現金（B/S）	200,000	資本金等の額（B/S）	600,000	← 法令8①二
新株予約権（B/S）	400,000		

2. 修正処理について

　　会社処理と税務処理とを比較しますと、処理に差異が生じていますので修正処理する必要があります。

（修正処理）

B社株式（B/S）	440,000	資本金等の額（B/S）	440,000

分解

（修正処理）

B社株式（B/S）（自己株式）	440,000	利益積立金額（B/S）	440,000
利益積立金額（B/S）	440,000	資本金等の額（B/S）	440,000

①　別表四の申告調整は不要です。

②　別表五（一）は貸借対照表（B社株式、利益積立金額、資本金等の額）の消去処理のため、「B社株式（自己株式）」として440,000加算します。

　　調整項目として、利益積立金額の計算明細は「資本金等の額」として 440,000 減算、資本金等の額の計算明細は「利益積立金額」として 440,000 加算します。この加減算は現在の企業会計処理上、解散清算するまで消去できません。

3. 別表調理について

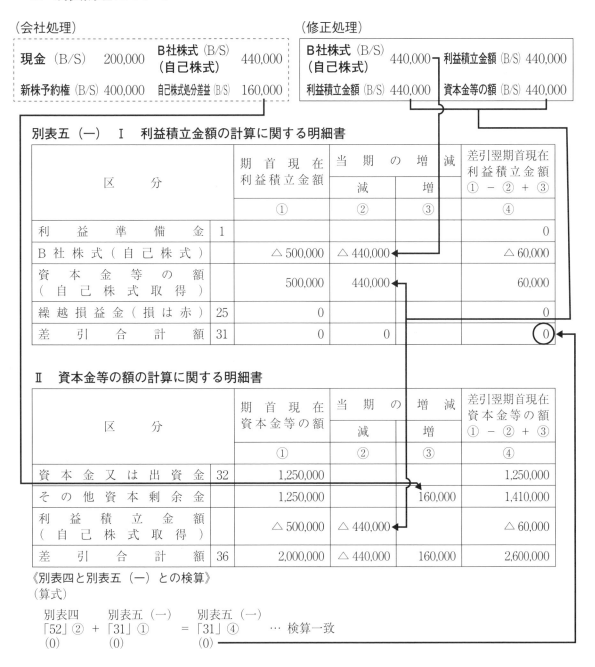

（会社処理）

| 現金（B/S）200,000 | B社株式（B/S）（自己株式）440,000 |
| 新株予約権（B/S）400,000 | 自株式処分差益（B/S）160,000 |

（修正処理）

| B社株式（B/S）（自己株式）440,000 | 利益積立金額（B/S）440,000 |
| 利益積立金額（B/S）440,000 | 資本金等の額（B/S）440,000 |

別表五（一）　I　利益積立金額の計算に関する明細書

区　分		期首現在利益積立金額①	当期の増減 減②	当期の増減 増③	差引翌期首現在利益積立金額①－②＋③④
利　益　準　備　金	1				0
B 社 株 式（自己株式）			△500,000	△440,000	△60,000
資 本 金 等 の 額（自己株式取得）			500,000	440,000	60,000
繰越損益金（損は赤）	25		0		0
差　引　合　計　額	31		0	0	0

II　資本金等の額の計算に関する明細書

区　分		期首現在資本金等の額①	当期の増減 減②	当期の増減 増③	差引翌期首現在資本金等の額①－②＋③④
資 本 金 又 は 出 資 金	32	1,250,000			1,250,000
そ の 他 資 本 剰 余 金		1,250,000		160,000	1,410,000
利 益 積 立 金 額（自己株式取得）			△500,000	△440,000	△60,000
差　引　合　計　額	36	2,000,000	△440,000	160,000	2,600,000

《別表四と別表五（一）との検算》
（算式）

別表四　　別表五（一）　　別表五（一）
「52」②　＋　「31」①　　＝「31」④　　… 検算一致
(0)　　　　(0)　　　　　　(0)

1-34　グループ内において発行法人が取得した　　　　　　　　　　　　　自己株式（発行法人）

発行法人Ｂ社は相対取引により法人株主Ａ社から発行法人Ｂ社の株式（自己株式）２株（帳簿価額300）を500で取得しました。Ｂ社の純資産の部の状況は次のとおりです。Ｂ社の申告調整は、どのようになりますか。

Ｂ社の税務上の純資産の部の状況

資本金等の額	1,000
利益積立金額	500
発行済株式総数	10

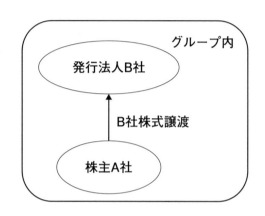

（会社処理）

Ｂ社株式（B/S）（自己株式）　500　　現金（B/S）　500

解説

1. 税務処理について

　発行法人Ｂ社が相対取引により株主Ａ社からＢ社株式（自己株式）を取得しＡ社に金銭等を交付した場合は、Ｂ社においては「資本の払戻し」と「剰余金の配当（みなし配当）」を行ったものとされ、「資本金等の額」の減少と「利益積立金額」の減少として処理されます（法法24①五、法令8①二十、9①十四）。

　なお、「みなし配当の額」が生じる事由に該当しない場合、例えば、上場株式の市場における取得等には利益積立金額の減少はなく、その取得対価の全額が「資本金等の額」の減少となります（法法24①五（）書き、法令8①二十一）。本件は相対取引なので非該当です。

(1) 資本金等の額の減少額

B社の減少する資本金等の額は、次のとおり計算することとされています（法令8①二十）。

（算式）（法令8①二十、法法24①五～七）一の種類株式を発行

※ 取得資本金額（交付金銭等の額が限度（適格現物分配は帳簿価額））

$$\frac{\text{取得直前の資本金等の額 (0以下は0) 1,000}}{\text{取得直前の発行済株式等の総数 (自己株式を除く) 10}} \times \frac{\text{取得した自己株式の数}}{2} = 200$$

(2) 利益積立金額の減少額

B社の減少する利益積立金額は、次のとおり計算することとされています（法令9①十四）。

（算式）（法令9①十四）

交付金銭等の額500 － 取得資本金額200 ＝ みなし配当の額300

したがって、税務処理は次のとおりです。

（税務処理）

法令9①十四 →	みなし配当（P/L）	300	現金（B/S）	500
法令8①二十 →	資本金等の額（B/S）	200		

2. 修正処理について

会社処理と税務処理とを比較しますと、処理に差異が生じていますので修正処理する必要があります。

（修正処理）

みなし配当（P/L）	300	B社株式（B/S）**（自己株式）**	500
資本金等の額（B/S）	200		

分解

（修正処理）

みなし配当（P/L）	300	B社株式（B/S）	300
利益積立金額（B/S）	200	B社株式（B/S）	200
資本金等の額（B/S）	200	利益積立金額（B/S）	200

(1)　第一ステップ（会計処理との差異）の処理

① 別表四は「みなし配当認容」として300減算（留保）します。

② 別表五（一）は翌期以後の貸借対照表（B社株式、利益積立金額、資本金等の額）の消去処理のため、「B社株式（自己株式）」として500減算します。

　調整項目として、利益積立金額の計算明細は「資本金等の額」として200加算、資本金等の額の計算明細は「利益積立金額」として200減算します。この加減算は現在の企業会計処理上、解散清算するまで消去できません。

(2)　第二ステップ（別段の定め）の処理

① 利益又は剰余金の分配は、資本等取引とされています（法法22⑤）。

② 資本等取引に係るものは、損金不算入となっています（法法22③三）。

　したがって、別表四は「みなし配当」として300加算（流出）します。

3. 別表調理について

（会社処理）

B 社株式（B/S）
（自己株式）　　500　現金（B/S）　　500

（修正処理）

みなし配当（P/L）	300	B 社株式（B/S）	300
利益積立金額（B/S）	200	B 社株式（B/S）	200
資本金等の額（B/S）	200	利益積立金額（B/S）	200

別表四　所得の金額の計算に関する明細書

区　　　分		総　　額	処	分	
			留　保	社　外　流　出	
		①	②	③	
当期利益又は当期欠損の額	1	0	0	配　　当	
				その他	
加算	みなし配当	300			300
減算	みなし配当認容	300	300		
所得金額又は欠損金額	52	0	△300	外　※	300

別表五（一）　I　利益積立金額の計算に関する明細書

区　　　分		期首現在利益積立金額	当　期　の　増　減		差引翌期首現在利益積立金額①－②＋③
			減	増	
		①	②	③	④
利　益　準　備　金	1	500			500
B 社株式（自己株式）				△500	△500
資　本　金　等　の　額				200	200
差　引　合　計　額	31	500	0	△300	(200)

II　資本金等の額の計算に関する明細書

区　　　分		期首現在資本金等の額	当　期　の　増　減		差引翌期首現在資本金等の額①－②＋③
			減	増	
		①	②	③	④
資本金又は出資金	32	1,000			1,000
利　益　積　立　金　額				△200	△200
差　引　合　計　額	36	1,000	0	△200	800

《別表四と別表五（一）との検算》
（算式）

別表四　　別表五（一）　別表五（一）
「52」②　＋　「31」①　＝「31」④　… 検算一致
（△300）　（500）　　　（200）

1-35　グループ内において発行法人が取得した 自己株式（株主）

発行法人 B 社は相対取引により法人株主 A 社から発行法人 B 社の株式（自己株式）2 株（帳簿価額 300）を 500 で取得しました。B 社の純資産の部の状況は次のとおりです。A 社の申告調整は、どのようになりますか。

B 社の税務上の純資産の部の状況

資本金等の額	1,000
利益積立金額	500
発行済株式総数	10

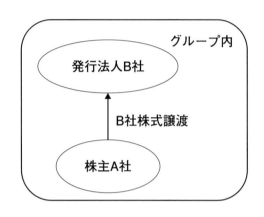

（会社処理）

現金（B/S）	500	B 社株式（B/S）	300
		譲渡益（P/L）	200

解説

1. 税務処理について

　株主 A 社が相対取引により発行法人 B 社に対して B 社株式を譲渡し金銭等の交付を受けた場合、B 社における「資本金等の額」の減少額は、B 社株式の譲渡損益計算上の「譲渡対価の額」となります（法法 61 の 2 ①）。また、B 社における「利益積立金額」の減少額は、「みなし配当の額」となります（法法 24 ①五）。

　完全支配関係にある法人株主 A 社が保有する B 社株式の譲渡損益は、譲渡対価となる金額がその譲渡原価に相当する金額とされていますので、譲渡損益は生じません（法法 61 の 2 ⑰）。

(1)　みなし配当の額

　株主 A 社が B 社の自己株式の取得により金銭等の交付を受けた場合、その金銭等の額が

B社の資本金等の額のうち、その交付の基因となったその法人の株式等に対応する部分の金額を超えるときは、その超える部分の金額がみなし配当の額とされています（法法24①五）。

（算式）（法法24①五）適格現物分配は帳簿価額

交付金銭等の額 500 － 株式に対応する部分の金額 200 ＝ みなし配当の額 300

株式等に対応する部分の金額

（算式）（法法24①五〜七、法令23①六イ）　一の種類株式を発行

$$\frac{\text{取得直前の資本金等の額}\\\text{（0以下は0）1,000}}{\text{取得直前の発行済株式等の総数}\\\text{（自己株式を除く）10}} \times \frac{\text{取得した自己株式の数}}{2} = 200$$

(2)　有価証券の譲渡損益

完全支配関係にある法人株主A社が保有するB社株式の譲渡損益は、譲渡対価となる金額がその譲渡原価に相当する金額とされています。したがって、譲渡損益は生じません（法法61の2⑰）。

〈B社株式の譲渡原価〉

（算式）（法法61の2①二）

直前簿価@ 150 × 2株 ＝ 300

〈B社株式の譲渡対価〉

（算式）（法法61の2⑰）

$$\frac{\text{譲渡原価の額}\\\text{（株式の帳簿価額）}300} = \text{譲渡対価 } 300$$

（算式）（法法61の2⑰）

譲渡対価の額 300 － 譲渡原価の額（株式の帳簿価額）300 ＝ 譲渡損益 0

(3)　資本金等の額の減少額

完全支配関係にある法人株主A社が保有するB社株式の譲渡損益は生じません。この場合、その譲渡損益は資本金等の額として減算することとされています（法令8①二十二）。

（算式）（法令8①二十二、法法24①各号）他の内国法人の株式に限る

$$\left(\frac{\text{みなし配当の額}}{300} + \frac{\text{譲渡対価とされる額（＝譲渡原価）}}{300}\right) - \frac{\text{交付金銭等の額}}{500} = 100$$

したがって、税務処理は次のとおりです。

（税務処理）

現金（B/S）	500	譲渡対価（P/L）	300
資本金等の額（B/S）	100	みなし配当（P/L）	300
譲渡原価（P/L）	300	B社株式（B/S）	300

法令8①二十二 →
法法61の2①二 →

← 法法61の2①⑰
← 法法24①五

2. 修正処理について

　会社処理と税務処理とを比較しますと、処理に差異が生じていますので修正処理する必要があります。

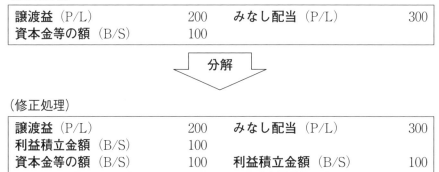

（修正処理）

譲渡益（P/L）	200	みなし配当（P/L）	300
資本金等の額（B/S）	100		

分解

（修正処理）

譲渡益（P/L）	200	みなし配当（P/L）	300
利益積立金額（B/S）	100		
資本金等の額（B/S）	100	利益積立金額（B/S）	100

① 　別表四は「みなし配当計上もれ」として300加算（留保）、「譲渡益過大」として200減算（留保）します。

② 　別表五（一）は翌期以後の貸借対照表（利益積立金額、資本金等の額）の消去処理のため、利益積立金額の計算明細は「資本金等の額」として100加算、資本金等の額の計算明細は「利益積立金額」として100減算します。この加減算は現在の企業会計処理上、解散清算するまで消去できません。

3. その他

　受取配当等の益金不算入の適用を受ける場合には、法人税の確定申告書、修正申告書又は更正請求書に益金不算入の配当等の額及びその計算に関する明細（申告書別表八）を記載した書類の添付がある場合に限り認められています（法法23⑧）。

4. 別表調理について

（会社処理）

| 現金（B/S） | 500 | B社株式（B/S） | 300 |
| | | 譲渡益（P/L） | 200 |

（修正処理）

譲渡益（P/L）	200	みなし配当（P/L）	300
利益積立金額（B/S）	100		
資本金等の額（B/S）	100	利益積立金額（B/S）	100

別表四　所得の金額の計算に関する明細書

区　　　分		総　額	処　　分		分
			留　保	社　外　流　出	
		①	②	③	
当期利益又は当期欠損の額	1	200	200	配　　当	
				その他	
加算	みなし配当計上もれ		300	300	
減算	譲渡益過大		200	200	
所得金額又は欠損金額	52	300	300	外　※	0

別表五（一）　I　利益積立金額の計算に関する明細書

区　　　分		期首現在利益積立金額	当期の増減		差引翌期首現在利益積立金額 ① － ② ＋ ③
			減	増	
		①	②	③	④
利　益　準　備　金	1				
資　　　　　　　産					
資　本　金　等　の　額				100	100
繰越損益金（損は赤）	25			200	200
差　引　合　計　額	31		0	0	300	（300）

II　資本金等の額の計算に関する明細書

区　　　分		期首現在資本金等の額	当期の増減		差引翌期首現在資本金等の額 ① － ② ＋ ③
			減	増	
		①	②	③	④
資　本　金　又　は　出　資　金	32				
そ　の　他　資　本　剰　余　金					
利　益　積　立　金　額				△100	△100
差　引　合　計　額	36		0	0	△100	△100

《別表四と別表五（一）との検算》

（算式）

```
別表四      別表五（一）    別表五（一）
「52」②  ＋  「31」①    ＝  「31」④     … 検算一致
（300）      （0）         （300）
```

1-36　ストック・オプションによる自己株式の交付

Q

　A社は役員の役務提供の対価として、新株予約権を次の条件で付与することを決議していました（税制非適格ストック・オプション）。役員は権利行使期間内にオプションを権利行使しました。別表五（一）及び会社処理は次のとおりです。2020年3月期の権利行使時の申告調整はどのようになりますか。

A社の税務上の純資産の部の状況

別表五（一）の期首の状況

Ⅰ　利益積立金額の計算に関する明細書

区　　　分	期 首 現 在 利 益 積 立 金 額
前　払　費　用	12,000,000
新 株 予 約 権 債 務	△ 12,000,000
新　株　予　約　権	9,000,000
A　社　株　式 （ 自 己 株 式 ）	△ 12,000,000
資 本 金 等 の 額 （ 自 己 株 式 取 得 ）	12,000,000

Ⅱ　資本金等の額の計算に関する明細書

区　　　分	期 首 現 在 資 本 金 等 の 額
利 益 積 立 金 額 （ 自 己 株 式 取 得 ）	△ 12,000,000

（会社処理）

役員給与（P/L）	3,000,000	新株予約権（B/S）	3,000,000
新株予約権（B/S）	12,000,000	A社株式（B/S）	12,000,000

※　12,000,000×3/12（2019.4～6）＝3,000,000

1.　税務処理について

　法人税法上、従業員等からの役務提供の対価は、その対価を支払うべき債務を負うことで損金性が認められますが、税制非適格ストック・オプションに係る損金算入時期は、所得税法上の給与所得その他の勤労性の所得として「給与等課税事由」が発生する時点（権利行使時）において、損金算入が認められることとなっています（法法54の2①）。

　また、給与等課税事由とは、給与所得、事業所得、退職所得及び雑所得とされています（法令111の3①）。本件では、ストック・オプションの権利行使により給与等課税事由等が発生しましたので、損金算入することとなります。

資本金等の額の増加額

　会計上、ストック・オプションが権利行使され、新株を発行した場合には、いままで新株予約権として計上した額を払込資本に振り替えることとなっています。また、新株予約権の行使に伴い、自己株式を処分した場合には、自己株式の取得原価と新株予約権の帳簿価額及び権利行使に伴う払込金額の合計額との差額は、自己株式処分差額を計上することとなっています（ストック・オプション等に関する会計基準第8項）。

　法人税法上、新株の発行があった場合、資本金等の額の増加の計算は次のとおりです（法令8①二）。

（算式）（法令8①二）

$$\left(\begin{array}{c} \text{払い込まれた} \\ \text{金銭等の額} \\ 0 \end{array} + \begin{array}{c} \text{新株予約権の帳簿価額} \\ 12,000,000 \end{array} \right) - \begin{array}{c} \text{増加資本金の額} \\ 0 \end{array} = 12,000,000$$

※　増加資本金の額は登記簿上の金額

したがって、税務処理は次のとおりです。

（税務処理）

| 新株予約権債務（B/S） | 12,000,000 | 資本金（B/S） | 12,000,000 |
| 役員給与（P/L） | 12,000,000 | 前払費用（B/S） | 12,000,000 |

2.　修正処理について

　会社処理と税務処理とを比較しますと、処理に差異が生じていますので修正処理する必要

があります。

（修正処理）

新株予約権債務（B/S）	12,000,000	前払費用（B/S）	12,000,000
役員給与（P/L）	9,000,000	新株予約権（B/S）	9,000,000
A 社株式（B/S）	12,000,000	資本金（B/S）	12,000,000

分解

（修正処理）

新株予約権債務（B/S）	12,000,000	前払費用（B/S）	12,000,000
役員給与（P/L）	9,000,000	新株予約権（B/S）	9,000,000
A 社株式（B/S）	12,000,000	利益積立金額（B/S）	12,000,000
利益積立金額（B/S）	12,000,000	資本金（B/S）	12,000,000

①　別表四は「役員給与認容」として 9,000,000 減算（留保）します。

②　別表五（一）は翌期以後の貸借対照表（新株予約権債務、新株予約権、前払費用、A
社株式、利益積立金額、資本金等の額）の消去処理のため、「新株予約権債務」として
12,000,000 加算、「前払費用」として 12,000,000 減算、「新株予約権」として 9,000,000 減
算します。

　　調整項目として、利益積立金額の計算明細は「資本金等の額」として 12,000,000 減算、
資本金等の額の計算明細は「利益積立金額」として 12,000,000 加算、「A 社株式」として
12,000,000 加算します。この加減算は現在の企業会計処理上、解散清算するまで消去で
きません。

なお、本件の役員給与は、法人税法第 34 条《役員給与の損金不算入》の規定において、新
株予約権に係るものは損金不算入から除かれていますので損金算入となります（法法 34 ①二
イ）。

3. 別表調理について

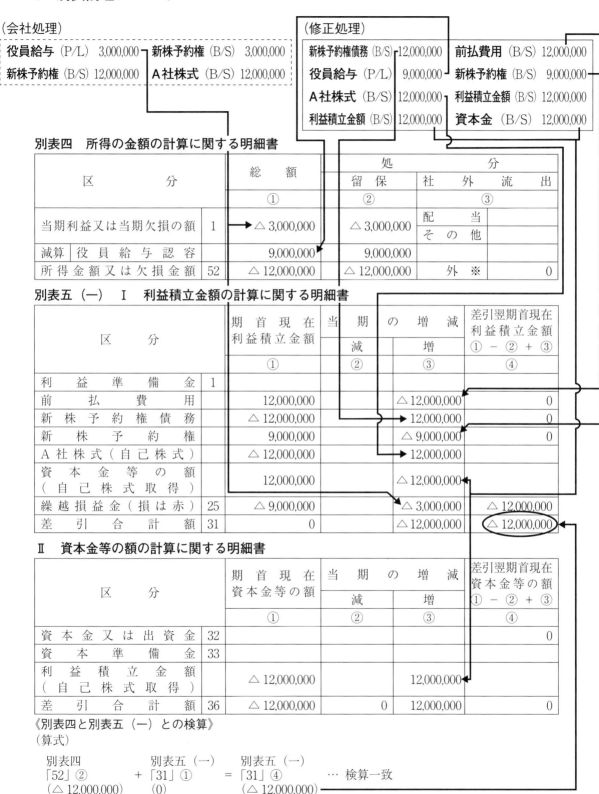

（会社処理）

| 役員給与（P/L） | 3,000,000 | 新株予約権（B/S） | 3,000,000 |
| 新株予約権（B/S） | 12,000,000 | A社株式（B/S） | 12,000,000 |

（修正処理）

新株予約権債務（B/S）	12,000,000	前払費用（B/S）	12,000,000
役員給与（P/L）	9,000,000	新株予約権（B/S）	9,000,000
A社株式（B/S）	12,000,000	利益積立金額（B/S）	12,000,000
利益積立金額（B/S）	12,000,000	資本金（B/S）	12,000,000

別表四　所得の金額の計算に関する明細書

区　　　分		総　額	処　　　　分		
			留　保	社　外　流　出	
		①	②	③	
当期利益又は当期欠損の額	1	△3,000,000	△3,000,000	配　　当	
				その他	
減算 役員給与認容		9,000,000	9,000,000		
所得金額又は欠損金額	52	△12,000,000	△12,000,000	外　※	0

別表五（一）　I　利益積立金額の計算に関する明細書

区　　　分		期首現在利益積立金額	当期の増減		差引翌期首現在利益積立金額 ①－②＋③
			減	増	
		①	②	③	④
利　益　準　備　金	1				
前　払　費　用		12,000,000		△12,000,000	0
新株予約権債務		△12,000,000		12,000,000	0
新　株　予　約　権		9,000,000		△9,000,000	0
A社株式（自己株式）		△12,000,000		12,000,000	
資本金等の額（自己株式取得）		12,000,000		△12,000,000	
繰越損益金（損は赤）	25	△9,000,000		△3,000,000	△12,000,000
差　引　合　計　額	31	0		△12,000,000	△12,000,000

II　資本金等の額の計算に関する明細書

区　　　分		期首現在資本金等の額	当期の増減		差引翌期首現在資本金等の額 ①－②＋③
			減	増	
		①	②	③	④
資本金又は出資金	32				0
資　本　準　備　金	33				
利益積立金額（自己株式取得）		△12,000,000		12,000,000	
差　引　合　計　額	36	△12,000,000	0	12,000,000	0

《別表四と別表五（一）との検算》
（算式）

別表四「52」②　＋　別表五（一）「31」①　＝　別表五（一）「31」④　… 検算一致
（△12,000,000）　　（0）　　（△12,000,000）

1-37　子会社株式簿価減額特例
自己株式の取得（X2 期）

X1 期に A 社は外国法人 B 社の株式の全て（1,000 株）を取得（対価 1,000）しました。X2 期において B 社は A 社から B 社株式（自己株式）（100 株）を取得しました。A 社の有価証券の評価法は移動平均法です。B 社の資本金等の額は 0 です。X2 期の A 社における「子会社株式簿価減額特例」関係は、どのようになりますか。

（会社処理）

| 現金（B/S） | 100 | B 社株式（B/S） | 100 |

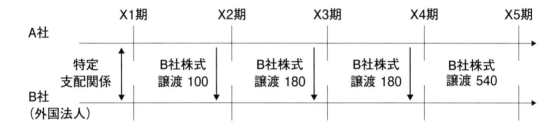

解説

1. 税務処理について

株主 A 社が相対取引により発行法人 B 社に対して B 社株式を譲渡し金銭等の交付を受けた場合、B 社における「資本金等の額」の減少額は、B 社株式の譲渡損益計算上の「譲渡対価の額」となります（法法 61 の 2 ①）。また、B 社における「利益積立金額」の減少額は、「みなし配当の額」となります（法法 24 ①五）。

⑴　みなし配当の額

株主 A 社が B 社の自己株式の取得により金銭等の交付を受けた場合、その金銭等の額が B 社の資本金等の額のうち、その交付の基因となったその法人の株式に対応する部分の金額を超えるときは、その超える部分の金額がみなし配当の額とされています（法法 24 ①五）。

（算式）（法法 24 ①五）

交付金銭等の額 100 － 株式に対応する部分の金額 0 ＝ みなし配当の額 100

株式に対応する部分の金額

（算式）（法法 24 ①五〜七、法令 23 ①四イ）一の種類株式を発行

$$\frac{\substack{\text{取得直前の資本金等の額}\\ \text{（資本金等の額が 0 以下は 0）0}}}{\substack{\text{取得直前の発行済株式等の総数}\\ \text{（自己株式を除く）1,000}}} \times \frac{\text{自己株式取得等に係る株式数}}{100} = 0$$

⑵　10％基準の判定

　みなし配当の額 100 が「基準時」の直前において内国法人 A 社が有する特定支配関係法人 B 社の株式等の帳簿価額のうち最も大きいもの 1,000 の 10％相当額を超えませんので特例の適用はないこととなります（法令 119 の 3 ⑦）。

$$\frac{\text{配当 100}}{\text{B 社株式の帳簿価額 1,000}} = 10\%（適用なし）$$

⑶　有価証券の譲渡損益

　B 社株式の譲渡損益は、譲渡対価となる額から譲渡原価を控除して計算します（法法 61 の 2 ①）。

（算式）（法法 61 の 2 ①）

$$\left(\underset{100}{\text{交付金銭等の額}} - \underset{100}{\text{みなし配当の額}}\right) - \underset{100}{\text{譲渡原価の額}} = \underset{\triangle 100}{\text{譲渡損益}}$$

譲渡原価の額（株式の帳簿価額）

（算式）（法法 61 の 2 ①二）

譲渡直前の帳簿価額＠1/株 × 100 株 ＝ 譲渡原価 100

したがって、税務処理は次のとおりです。

（税務処理）

現金　（B/S）	100	譲渡対価　（P/L）	0	← 法法61の2①一
		みなし配当　（P/L）	100	← 法法24①五
法法61の2①二 →　譲渡原価　（P/L）	100	B社株式　（B/S）	100	

2.　修正処理について

　会社処理と税務処理とを比較しますと、処理に差異が生じていますので修正処理する必要があります。

（修正処理）

譲渡損　（P/L）	100	みなし配当　（P/L）	100

⑴　第一ステップ（会計処理との差異）の処理

　別表四は「みなし配当計上もれ」として100加算（留保）、「譲渡損認容」として100減算（留保）します（加算額と減算額が同額であるため申告調整は省略可）。

⑵　第二ステップ（別段の定め）の処理

　受取配当等の益金不算入の適用を受ける場合には、法人税の確定申告書、修正申告書又は更正請求書に益金不算入の配当等の額及びその計算に関する明細を記載した書類の添付があり、かつ、財務省令で定める書類を保存している場合に限り適用が認められています（法法23の2⑤）。本件では、外国子会社からの配当ですので95％相当額である95を益金不算入としています（法法23の2、法令22の4②）。

3.　別表調理について

（会社処理）

現金（B/S）	100	B社株式（B/S）	100

（修正処理）

譲渡損（P/L）	100	みなし配当（P/L）	100

別表四　所得の金額の計算に関する明細書

区　　　　分		総　　額	処　　　　　　　分		
			留　保	社　外　流　出	
		①	②	③	
当期利益又は当期欠損の額	1	0	0	配　　当	
				その他	
加算	みなし配当計上もれ		100	100		
減算	譲　渡　損　認　容		100	100		
	外国子会社から受ける剰余金の配当等の益金不算入額	15	95		※	95
所　得　金　額　又　は　欠　損　金　額	52	△ 95	0	外　※	△ 95

別表五（一）　Ｉ　利益積立金額の計算に関する明細書

区　　　　分		期首現在利益積立金額	当　期　の　増　減		差引翌期首現在利益積立金額 ① － ② + ③
			減	増	
		①	②	③	④
利　益　準　備　金	1				
繰　越　損　益　金（損　は　赤）	25	0	0		0
差　引　合　計　額	31	0	0		0

《別表四と別表五（一）との検算》

（算式）

別表四　　　別表五（一）　　別表五（一）
「52」② ＋「31」①　　＝「31」④　　… 検算一致
（0）　　　　（0）　　　　　　（0）

1-38　子会社株式簿価減額特例
自己株式の取得（X3期）

X1期にA社は外国法人B社の株式の全て（1,000株）を取得（対価1,000）しました。X3期においてB社はA社からB社株式（自己株式）（180株）を取得しました。A社の有価証券の評価法は移動平均法です。B社の資本金等の額は0です。X3期のA社における「子会社株式簿価減額特例」関係は、どのようになりますか。

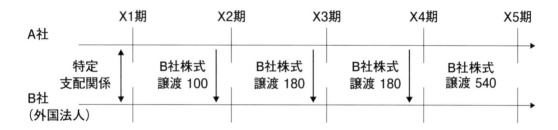

解説

1. 税務処理について

株主A社が相対取引により発行法人B社に対してB社株式を譲渡し金銭等の交付を受けた場合、B社における「資本金等の額」の減少額は、B社株式の譲渡損益計算上の「譲渡対価の額」となります（法法61の2①）。また、B社における「利益積立金額」の減少額は、「みなし配当の額」となります（法法24①五）。

⑴　みなし配当の額

株主A社がB社の自己株式の取得により金銭等の交付を受けた場合、その金銭等の額がB社の資本金等の額のうち、その交付の基因となったその法人の株式に対応する部分の金額を超えるときは、その超える部分の金額がみなし配当の額とされています（法法24①五）。

（算式）（法法24①五）
交付金銭等の額180 － 株式に対応する部分の金額0 ＝ みなし配当の額180

株式に対応する部分の金額

（算式）（法法24①五〜七、法令23①四イ）　一の種類株式を発行

$$\frac{\text{取得直前の資本金等の額}}{\text{（資本金等の額が0以下は0）0}} \times \frac{\text{自己株式取得等に係る株式数}}{180} = 0$$
$$\frac{\text{取得直前の発行済株式等の総数}}{\text{（自己株式を除く）1,000}}$$

(2)　10％基準の判定

　みなし配当の額180が「基準時」の直前において内国法人A社が保有する特定支配関係法人B社の株式等の帳簿価額のうち最も大きいもの900の10％相当額を超えますので特例の適用となります（法令119の3⑦）。

$$\frac{\text{配当180}}{\text{B社株式の帳簿価額900}} = 20\%（適用あり）$$

帳簿価額	X2期			X3期				
	期首	増減	期末	期首	増減	基準時	増減	期末
会社処理	1,000	△100	900/900株	900		900/900株	△180/180	720/720株
税務処理	1,000	△100	900/900株	900	△171	729/900株	△145.8/180	583.2/720株

(3)　株式の減額

　基準時における1単位当たりの帳簿価額は、基準時の直前における帳簿価額900から対象配当等の額180に係る「益金不算入相当額」を減算した金額となります。益金不算入相当額について、本件では、外国子会社からの配当ですので180の95％相当額である171を益金不算入としています（法令119の3⑦）。株式の減算額は171となり、減額は基準時の直前の帳簿価額900から減額となります。その結果、1単位当たりの帳簿価額は0.81（（900−171)/900株）となります。

　また、減額171は利益積立金額から減算することとされています（法令9①一ワ）。

(4)　有価証券の譲渡損益

　B社株式の譲渡損益は、譲渡対価となる額から譲渡原価を控除して計算します（法法61の2①）。

> （算式）（法法61の2①）
>
> $$\left(\underset{180}{\text{交付金銭等の額}} - \underset{180}{\text{みなし配当の額}}\right) - \underset{145.8}{\text{譲渡原価の額}} = \underset{\triangle 145.8}{\text{譲渡損益}}$$
>
> 譲渡対価の額

譲渡原価の額（株式の帳簿価額）

> （算式）（法法61の2①二）
>
> 譲渡直前の帳簿価額@ 0.81（729/900株）/株 × 180株 ＝ 譲渡原価 145.8

したがって、税務処理は次のとおりです。

（税務処理）

現金 （B/S）	180	譲渡対価 （P/L）	0	←	法法61の2①一
		みなし配当 （P/L）	180	←	法法24①五
法法61の2①二 → 譲渡原価 （P/L）	145.8	B 社株式 （B/S）	145.8		
法令9①一ワ → 利益積立金額 （B/S）	171	B 社株式 （B/S）	171	←	法令119の3⑦

2. 修正処理について

　会社処理と税務処理とを比較しますと、処理に差異が生じていますので修正処理する必要があります。

（修正処理）

B 社株式 （B/S）	34.2	みなし配当 （P/L）	180
譲渡損 （P/L）	145.8		
利益積立金額 （B/S）	171	B 社株式 （B/S）	171

(1) 第一ステップ（会計処理との差異）の処理

　① 別表四は「譲渡損認容」として145.8減算（留保）、「みなし配当計上もれ」として180加算（留保）します。

　② 別表五（一）は翌期以後の貸借対照表（B 社株式）の消去処理のため、「B 社株式」として34.2加算、「B 社株式」として171減算します。

(2) 第二ステップ（別段の定め）の処理

　受取配当等の益金不算入の適用を受ける場合には、法人税の確定申告書、修正申告書又は更正請求書に益金不算入の配当等の額及びその計算に関する明細を記載した書類の添付

があり、かつ、財務省令で定める書類を保存している場合に限り適用が認められています（法法23の2⑤）。本件では、外国子会社からの配当ですので95％相当額である171を益金不算入としています（法法23の2、法令22の4②）。

3.　別表調理について

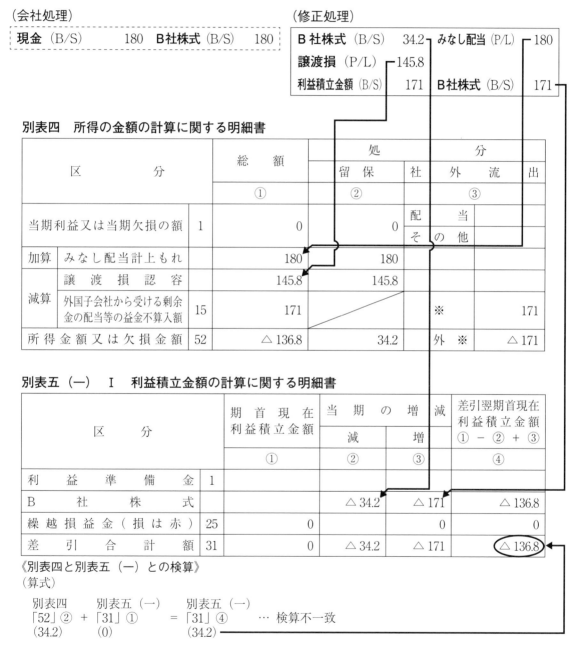

（会社処理）

| 現金（B/S） | 180 | B社株式（B/S） | 180 |

（修正処理）

B社株式（B/S）	34.2	みなし配当（P/L）	180
譲渡損（P/L）	145.8		
利益積立金額（B/S）	171	B社株式（B/S）	171

別表四　所得の金額の計算に関する明細書

区　　　分		総　額	処　　　　　分		
			留　保	社　外　流　出	
		①	②	③	
当期利益又は当期欠損の額	1	0	0	配　当	
				その他	
加算	みなし配当計上もれ	180	180		
減算	譲渡損認容	145.8	145.8		
	外国子会社から受ける剰余金の配当等の益金不算入額　15	171		※	171
所得金額又は欠損金額	52	△136.8	34.2	外　※	△171

別表五（一）　Ⅰ　利益積立金額の計算に関する明細書

区　　　分		期首現在利益積立金額	当期の増減		差引翌期首現在利益積立金額①－②＋③
			減	増	
		①	②	③	④
利　益　準　備　金	1				
B　社　株　式			△34.2	△171	△136.8
繰越損益金（損は赤）	25	0		0	0
差　引　合　計　額	31	0	△34.2	△171	△136.8

《別表四と別表五（一）との検算》
（算式）

別表四	別表五（一）	別表五（一）	
「52」②	＋「31」①	＝「31」④	… 検算不一致
（34.2）	（0）	（34.2）	

※　これは損益に関係なく単に帳簿価額の減額であるため生じるものです。このことはグループ法人税制の寄附修正事由に係る子会社の帳簿価額修正と同様ですので不一致が生じます。

1-39　子会社株式簿価減額特例
自己株式の取得（X4 期）

X1 期に A 社は外国法人 B 社の株式の全て（1,000 株）を取得（対価 1,000）しました。X4 期において B 社は A 社から B 社株式（自己株式）（180 株）を取得しました。A 社の有価証券の評価法は移動平均法です。B 社の資本金等の額は 0 です。X4 期の A 社における「子会社株式簿価減額特例」関係は、どのようになりますか。

（会社処理）

| 現金（B/S） | 180 | B 社株式（B/S） | 180 |

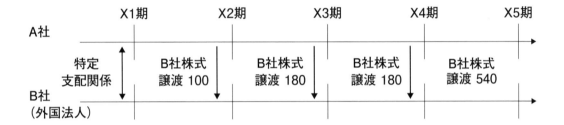

解説

1.　税務処理について

　株主 A 社が相対取引により B 社（発行法人）に対して B 社株式を譲渡し金銭等の交付を受けた場合、B 社における「資本金等の額」の減少額は、B 社株式の譲渡損益計算上の「譲渡対価の額」となります（法法 61 の 2 ①）。また、B 社における「利益積立金額」の減少額は、「みなし配当の額」となります（法法 24 ①五）。

⑴　みなし配当の額

　株主 A 社が B 社の自己株式の取得により金銭等の交付を受けた場合、その金銭等の額が B 社の資本金等の額のうち、その交付の基因となったその法人の株式に対応する部分の金額を超えるときは、その超える部分の金額がみなし配当の額とされています（法法 24 ①五）。

（算式）（法法24①五）

交付金銭等の額180 － 株式に対応する部分の金額0 ＝ みなし配当の額180

株式に対応する部分の金額

（算式）（法法24①五～七、法令23①四イ）一の種類株式を発行

$$\frac{\text{取得直前の資本金等の額}}{\text{取得直前の発行済株式等の総数}} \times \frac{\text{自己株式取得等に係る株式数}}{180} = 0$$

取得直前の資本金等の額（資本金等の額が0以下は0）0

取得直前の発行済株式等の総数（自己株式を除く）1,000

⑵　10％基準の判定

　みなし配当の額180が「基準時」の直前において内国法人A社が保有する特定支配関係法人B社の株式等の帳簿価額のうち最も大きいもの583.2の10％相当額を超えますので特例の適用となります（法令119の3⑦）。

$$\frac{\text{配当180}}{\text{B社株式の帳簿価額583.2}} ≒ 31\% （適用あり）$$

帳簿価額	X3期			X4期				
	期首	増減	期末	期首	増減	基準時	増減	期末
会社処理	900	△180	720/720株	720		720/720株	△180/180	540/540株
税務処理	900	△316.8	583.2/720株	583.2	△171	412.2/720株	△103.05/180	309.15/540株

⑶　株式の減額

　基準時における1単位当たりの帳簿価額は、基準時の直前における帳簿価額583.2から対象配当等の額180に係る「益金不算入相当額」を減算した金額となります。益金不算入相当額について、本件では、外国子会社からの配当ですので180の95％相当額である171を益金不算入としています（法令119の3⑦）。株式の減算額は171となり、減額は基準時の直前の帳簿価額583.2から減額となります。その結果、1単位当たりの帳簿価額は0.5725（(583.2－171)/720株）となります。

　また、減額171は利益積立金額から減算することとされています（法令9①一ワ）。

⑷　有価証券の譲渡損益

　B社株式の譲渡損益は、譲渡対価となる額から譲渡原価を控除して計算します（法法61

の2①)。

（算式）（法法61の2①）

譲渡対価の額

$$\left(\underset{180}{交付金銭等の額} - \underset{180}{みなし配当の額}\right) - \underset{103.5}{譲渡原価の額} = \underset{\triangle 103.5}{譲渡損益}$$

譲渡原価の額（株式の帳簿価額）

（算式）（法法61の2①二）

譲渡直前の帳簿価額@ 0.5725（412.2/720 株）/株 × 180 株 = 譲渡原価 103.05

したがって、税務処理は次のとおりです。

（税務処理）

現金 （B/S）	180	譲渡対価 （P/L）	0	← 法法61の2①
		みなし配当 （P/L）	180	← 法法24①五
法法61の2①二 → 譲渡原価 （P/L）	103.05	B 社株式 （B/S）	103.05	
法令9①一ワ → 利益積立金額 （B/S）	171	B 社株式 （B/S）	171	← 法令119の3⑦

2. 修正処理について

会社処理と税務処理とを比較しますと、処理に差異が生じていますので修正処理する必要があります。

（修正処理）

B 社株式 （B/S）	76.95	みなし配当 （P/L）	180
譲渡損 （P/L）	103.05		
利益積立金額 （B/S）	171	B 社株式 （B/S）	171

(1) 第一ステップ（会計処理との差異）の処理

① 別表四は「譲渡損認容」として 103.05 減算（留保）、「みなし配当計上もれ」として 180 加算（留保）します。

② 別表五（一）は翌期以後の貸借対照表（B 社株式）の消去処理のため、「B 社株式」として 76.95 加算、「B 社株式」として 171 減算します。

(2) 第二ステップ（別段の定め）の処理

受取配当等の益金不算入の適用を受ける場合には、法人税の確定申告、修正申告書又

は更正請求書に益金不算入の配当等の額及びその計算に関する明細を記載した書類の添付があり、かつ、財務省令で定める書類を保存している場合に限り適用が認められています（法法23の2⑤）。本件では、外国子会社からの配当ですので95％相当額である171を益金不算入としています（法法23の2、法令22の4②）。

3. 別表調理について

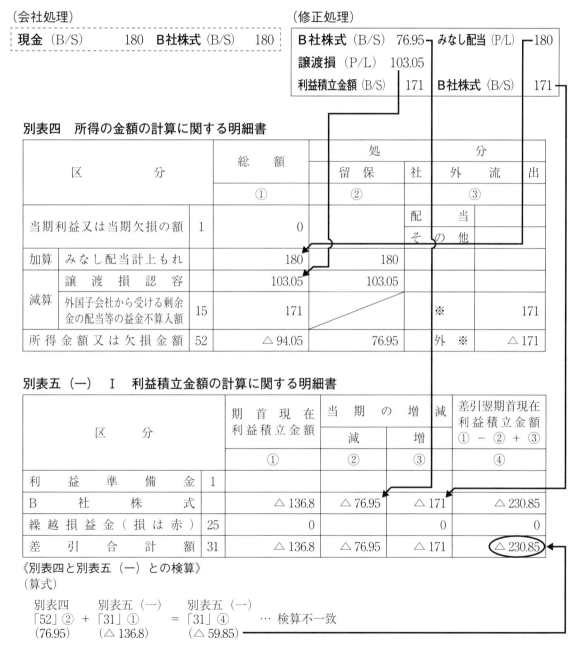

（会社処理）

| 現金（B/S） | 180 | B社株式（B/S） | 180 |

（修正処理）

B社株式（B/S）	76.95	みなし配当（P/L）	180
譲渡損（P/L）	103.05		
利益積立金額（B/S）	171	B社株式（B/S）	171

別表四　所得の金額の計算に関する明細書

区　　分		総　　額	処　　　　　分			
			留　保	社　外　　流　　出		
		①	②	③		
当期利益又は当期欠損の額	1	0		配　　　当		
				その他		
加算	みなし配当計上もれ		180	180		
減算	譲渡損認容		103.05	103.05		
	外国子会社から受ける剰余金の配当等の益金不算入額	15	171		※	171
所得金額又は欠損金額	52	△94.05	76.95	外　※	△171

別表五（一）　I　利益積立金額の計算に関する明細書

区　　分		期首現在利益積立金額	当期の増減		差引翌期首現在利益積立金額 ①－②＋③
			減	増	
		①	②	③	④
利益準備金	1				
B　社　株　式			△136.8	△76.95	△171	△230.85
繰越損益金（損は赤）	25	0		0	0
差引合計額	31	△136.8	△76.95	△171	△230.85

《別表四と別表五（一）との検算》
（算式）

別表四　　　別表五（一）　　別表五（一）
「52」② ＋ 「31」① ＝ 「31」④ 　… 検算不一致
（76.95）　（△136.8）　　（△59.85）

※　これは損益に関係なく単に帳簿価額の減額であるため生じるものです。このことはグループ法人税制の寄附修正事由に係る子会社の帳簿価額修正と同様ですので不一致が生じます。

1-40　子会社株式簿価減額特例
自己株式の取得（X5期）

　X1期にA社は外国法人B社の株式の全て（1,000株）を取得（対価1,000）しました。X5期においてA社は会計帳簿のB社株式の帳簿価額540を全部第三者に540で譲渡しました。A社の有価証券の評価法は移動平均法です。B社の資本金等の額は0です。X5期のA社における「子会社株式簿価減額特例」関係は、どのようになりますか。

（会社処理）

| 現金（B/S） | 540 | B社株式（B/S） | 540 |

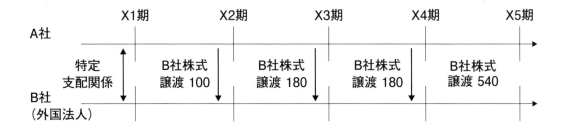

解説

1. 税務処理について

⑴　譲渡原価の額

　有価証券の譲渡に係る原価の額は、その有価証券についてその内国法人が選定した1単位当たりの帳簿価額の算出の方法により算出した金額にその譲渡をした有価証券の数を乗じて計算した金額とされています（法法61の2①）。本件では、次のとおりB社の税務上の帳簿価額は309.15となります。

帳簿価額	X4期			X5期		
	期首	増減	期末	期末	増減	期末
会社処理	720	△180	540/540株	540	△540	0
税務処理	583.2	△274.05	309.15/540株	309.15	△309.15	0

⑵ 有価証券の譲渡損益

B社株式の譲渡損益は、譲渡対価となる額から譲渡原価を控除して計算します（法法 61 の 2 ①）。

（算式）（法法 61 の 2 ①）

$$\underbrace{\left(\underset{540}{交付金銭等の額} - \underset{0}{みなし配当の額}\right)}_{譲渡対価の額} - \underset{309.15}{譲渡原価の額} = \underset{230.85}{譲渡損益}$$

したがって、税務処理は次のとおりです。

（税務処理）

現金（B/S）	540	**B社株式**（B/S）	309.15
		譲渡益（P/L）	230.85

2. 修正処理について

会社処理と税務処理とを比較しますと、処理に差異が生じていますので修正処理する必要があります。

（修正処理）

B社株式（B/S）	230.85	**譲渡益**（P/L）	230.85

① 別表四は「譲渡益計上もれ」として 230.85 加算（留保）します。

② 別表五（一）は翌期以後の貸借対照表（B社株式）の消去処理のため、「B社株式」として 230.85 加算します。

3. 別表調理について

（会社処理）　　　　　　　　　　　　　　　　（修正処理）

| 現金（B/S）　　　540　B社株式（B/S）　540 | B社株式（B/S）　230.85　譲渡益（P/L）　230.85 |

別表四　所得の金額の計算に関する明細書

区　　　　　分		総　　額	処		分	
			留　保	社	外　流　出	
		①	②		③	
当期利益又は当期欠損の額	1	0	0	配　　当		
				その他		
加算　譲渡益計上もれ		230.85	230.85			
所得金額又は欠損金額	52	230.85	230.85	外　※		

別表五（一）　Ⅰ　利益積立金額の計算に関する明細書

区　　　分		期首現在利益積立金額	当　期　の　増　減		差引翌期首現在利益積立金額 ① － ② + ③
			減	増	
		①	②	③	④
利　益　準　備　金	1				
B　社　株　式		△ 230.85		230.85	0
繰越損益金（損は赤）	25	0		0	0
差　引　合　計　額	31	△ 230.85		230.85	0

《別表四と別表五（一）との検算》
（算式）

別表四　　　別表五（一）　　別表五（一）
「52」② ＋ 「31」① ＝ 「31」④ 　… 検算一致
（230.85）　（△ 230.85）　　（0）

1-41　株式交付親会社株式（自己株式）の交付（株式交付子会社）

A社は、B社株式の帳簿価額100（時価200）の有価証券をC社に譲渡しました。これは会社法第774条の3第1項第1号に規定する「株式交付子会社」の株式交付の手続きによりC社の株式と現金を受けています（譲渡損益の課税繰延適用）。A社の申告調整は、どのようになりますか。

（会社処理）

C社株式（B/S）	160	**B社株式**（B/S）	100
現金（B/S）	40	**譲渡益**（P/L）	100

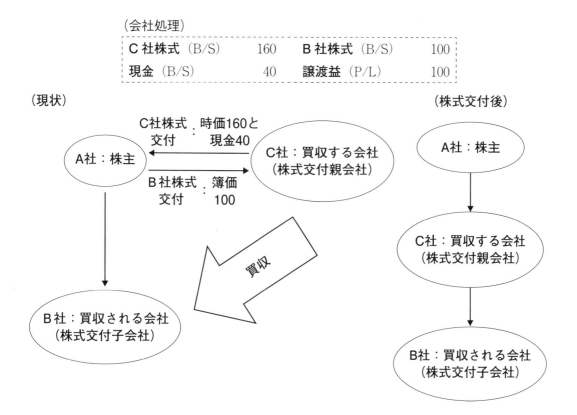

（解説）

1. 税務処理について

法人が会社法の株式交付の制度によりその有する株式を譲渡し、株式交付親会社（買収する会社）の株式等の交付を受けた場合には、その譲渡した株式の譲渡損益を繰り延べる特例ができました（令和3年4月1日以後の株式交付から適用（措法66の2、令和3年改正措法附則

53))。

　株式交付とは、株式会社（株式交付親会社）が他の株式会社（株式交付子会社）をその子会社とするためにその他の株式会社（株式交付子会社）の株式を譲り受け、その株式を譲渡人（株式交付子会の株主）に対してその株式の対価としてその株式会社（株式交付親会社）の株式を交付することをいいます（会法2三十二の二）。子会社とは、議決権の50％超を保有する株式会社をいいます（会規3③一）。

　この制度の特徴は次のとおりです。

　①　親子（50％超）会社の関係の創設（強制適用）

　②　買収する会社の株式の時価は80％以上であること

　③　課税の繰延資産譲渡損益は買収する会社の株式に対応する部分であること

　④　確定申告書の添付書類の添付義務があります（法規35五、六）

　　イ　株式交付計画書

　　ロ　株式交付に係る明細書

　　ハ　交付した資産の数又は価額の算定の根拠の書類

(1)　有価証券の譲渡損益

　①　この特例に該当しない場合の有価証券の譲渡損益は、次のとおり計算することとされています（法法61の2①）。

$$\left(\underset{200}{\substack{\text{交付金銭等の額}}} - \underset{0}{\substack{\text{みなし配当の額}}}\right) - \underset{100}{\substack{\text{譲渡原価の額（株式の帳簿価額）}}} = \underset{100}{\substack{\text{譲渡損益}}}$$

（算式）（法法61の2①）

譲渡対価の額

　②　この特例に該当する場合の有価証券の譲渡損益は、次のとおり計算することとされています（措法66の2①）。本件では、特例に該当しますので譲渡損益は20となります。

（算式）（措法66の2①）

$$\underset{100}{\substack{\text{株式交付}\\\text{子会社の}\\\text{簿価}}} \times \underset{\substack{(0.8)}}{\frac{\underset{160}{\substack{\text{株式交付親会社の}\\\text{株式の時価}}}}{\underset{(160+40)}{\text{対価全体の時価}}}} + \underset{40}{\substack{\text{現金}}} - \underset{100}{\substack{\text{株式交付}\\\text{子会社の}\\\text{簿価}}} = \underset{20}{\substack{\text{譲渡損益}}}$$

（株式交付割合）

(2)　有価証券の取得価額

　株式交付により交付を受けた株式交付親会社の株式の取得価額は、株式交付親会社株式とそれ以外の資産がある場合、次のとおり計算することとされています（措令39の10の2③一）。

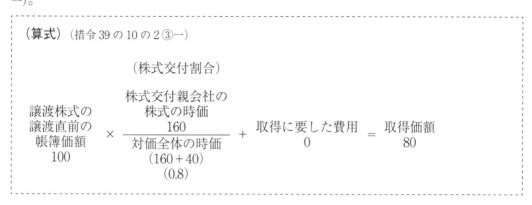

　したがって、税務処理は次のとおりです。

（税務処理）

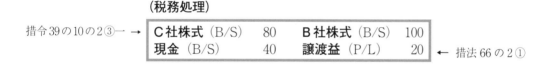

措令39の10の2③一 →　| C社株式（B/S）　80 | B社株式（B/S）　100 |
| 現金（B/S）　40 | 譲渡益（P/L）　20 | ← 措法66の2①

2.　修正処理について

　会社処理と税務処理とを比較しますと、処理に差異が生じていますので修正処理する必要があります。

（修正処理）

| 譲渡益（P/L）　80 | C社株式（B/S）　80 |

①　別表四は「譲渡益過大」として80減算（留保）します。
②　別表五（一）は貸借対照表（C社株式）の消去処理のため、「C社株式」として80減算します。

3. 別表調理について

（会社処理）

| C社株式（B/S） | 160 | B社株式（B/S） | 100 |
| 現金（B/S） | 40 | 譲渡益（P/L） | 100 |

（修正処理）

| 譲渡益（P/L） | 80 | C社株式（B/S） | 80 |

別表四　所得の金額の計算に関する明細書

区　　　　分		総　　額	処　　　　　　分		
			留　保	社　外　流　出	
		①	②	③	
当期利益又は当期欠損の額	1	100	100	配　　当	
				その他	
減算　譲　渡　益　過　大		80	80		
所得金額又は欠損金額	52	20	20	外　※	0

別表五（一）　Ⅰ　利益積立金額の計算に関する明細書

区　　　分		期　首　現　在 利　益　積　立　金　額	当　期　の　増　減		差引翌期首現在 利益積立金額 ① － ② ＋ ③
			減	増	
		①	②	③	④
利　　益　　準　　備　　金	1				
C　　　社　　　株　　　式				△80	△80
繰　越　損　益　金（損　は　赤）	25			100	100
差　　引　　合　　計　　額	31		0	0	20	20

《別表四と別表五（一）との検算》

（算式）

別表四　　　別表五（一）　　別表五（一）
「52」②　＋　「31」①　＝　「31」④　　…　検算一致
（20）　　　　（0）　　　　　（20）

1-42 株式交付親会社株式（自己株式）の 交付（株式交付親会社）

Q

　A社は、B社株式の帳簿価額100（時価200）の有価証券をC社に譲渡しました。これは会社法第774条の3第1項第1号に規定する「株式交付子会社」の株式交付手続きによりC社の株式と現金を受けています。C社は対価として自己株式と金銭を交付しました（譲渡損益の課税繰延適用）。C社の申告調整は、どのようになりますか。

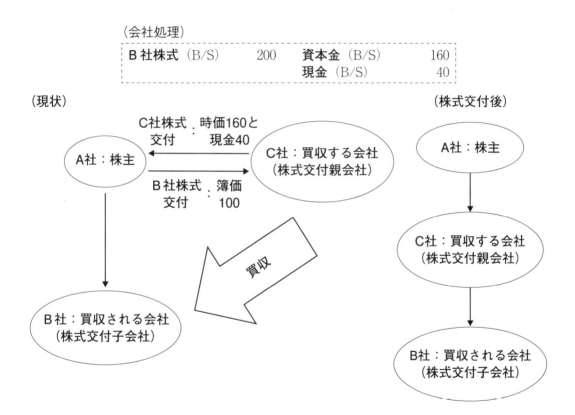

（会社処理）

| B社株式（B/S） | 200 | 資本金（B/S） | 160 |
| | | 現金（B/S） | 40 |

（現状）　　　　　　　　　　　　　　　　　　　　　　　（株式交付後）

C社株式 : 時価160と
交付 : 　現金40

A社：株主　←　　C社：買収する会社
　　　　　　　　　（株式交付親会社）

B社株式 : 簿価
交付 : 100

買収

B社：買収される会社
（株式交付子会社）

A社：株主

C社：買収する会社
（株式交付親会社）

B社：買収される会社
（株式交付子会社）

解説

1. 税務処理について

　法人が会社法の株式交付の制度によりその有する株式を譲渡し、株式交付親会社（買収する会社）の株式等の交付を受けた場合には、その譲渡した株式の譲渡損益を繰り延べる特例ができました（令和3年4月1日以後の株式交付から適用（措法66の2、令和3年改正措法附則

53))。

(1)　有価証券の取得価額

　株式交付により交付を受けた株式交付子会社の株式の取得価額は、次のとおり計算することとされています（措令 39 の 10 の 2 ④二）。

（算式）（措令 39 の 10 の 2 ④二）　**50 人未満の株主から取得**

$$\underset{100}{\substack{\text{株主からの}\\\text{取得直前の}\\\text{帳簿価額}}} \times \underset{\substack{(160+40)\\(0.8)}}{\frac{\overset{\text{（株式交付割合）}}{\underset{160}{\substack{\text{株式交付親会社の}\\\text{株式の時価}}}}}{\underset{\text{対価全体の時価}}{}}} + \underset{40}{\text{金銭等}} + \underset{0}{\substack{\text{取得に要した費用}}} = \underset{120}{\text{取得価額}}$$

(2)　増加資本金等の額

　株式交付親会社が株式交付によりその株式交付に係る交付子会社の株式を取得した場合の増加資本金等の額は、次のとおり計算することとされています（措令 39 の 10 の 2 ④三）。

（算式）（措令 39 の 10 の 2 ④三）

$$\underset{120}{\substack{\text{株式交付子会社の}\\\text{取得価額}}} - \underset{0}{\substack{\text{取得に要した費用}}} - \left(\underset{160}{\text{増加資本金}} + \underset{40}{\text{金銭等}}\right) = \underset{\triangle 80}{\text{取得価額}}$$

　したがって、税務処理は次のとおりです。

（税務処理）

措令 39 の 10 の 2 ④二 →　**B 社株式**（B/S）　　120　　　**資本金**（B/S）　　　160
措令 39 の 10 の 2 ④三 →　**資本金等の額**（B/S）　　80　　　**現金**（B/S）　　　　40

2.　修正処理について

　会社処理と税務処理とを比較しますと、処理に差異が生じていますので修正処理する必要があります。

（修正処理）

| 資本金等の額 (B/S) | 80 | B 社株式 (B/S) | 80 |

分解

（修正処理）

| 利益積立金額 (B/S) | 80 | B 社株式 (B/S) | 80 |
| 資本金等の額 (B/S) | 80 | 利益積立金額 (B/S) | 80 |

① 別表四の申告調整は不要です。

② 別表五（一）は貸借対照表（B 社株式、利益積立金額、資本金等の額）の消去処理の ため、「B 社株式」として 80 減算、利益積立金額の計算明細は「資本金等の額」として 80 加算、資本金等の額の計算明細は「利益積立金額」として 80 減算します。この加減 算は現在の企業会計処理上、解散清算するまで消去できません。

3. 別表調理について

（会社処理）

B社株式（B/S）	200	資本金（B/S）	160
		現金（B/S）	40

（修正処理）

利益積立金額（B/S）	80	B社株式（B/S）	80
資本金等の額（B/S）	80	利益積立金額（B/S）	80

別表四　所得の金額の計算に関する明細書

区　　　分		総　　額	処　　　　　分		
			留　保	社　外　流　出	
		①	②	③	
当期利益又は当期欠損の額	1	0	0	配　　当	
				その他	
所得金額又は欠損金額	52	0	0	外　※	0

別表五（一）　Ⅰ　利益積立金額の計算に関する明細書

区　　分		期首現在利益積立金額	当期の増減		差引翌期首現在利益積立金額 ① － ② ＋ ③
			減	増	
		①	②	③	④
利　益　準　備　金	1				
B　社　株　式				△80	△80
資　本　金　等　の　額				80	80
繰越損益金（損は赤）	25			0	0
差　引　合　計　額	31	0	0	0	0

Ⅱ　資本金等の額の計算に関する明細書

区　　分		期首現在資本金等の額	当期の増減		差引翌期首現在資本金等の額 ① － ② ＋ ③
			減	増	
		①	②	③	④
資本金又は出資金	32			160	160
その他資本剰余金					
利　益　積　立　金　額				△80	△80
差　引　合　計　額	36			80	80

《別表四と別表五（一）との検算》
（算式）

別表四		別表五（一）		別表五（一）	
「52」②	＋	「31」①	＝	「31」④	… 検算一致
(0)		(0)		(0)	

1-43　グループ内における株式交付親会社株式 （自己株式）の交付（株式交付子会社）

Q

　A社は、B社株式（譲渡損益調整資産）の帳簿価額100（時価200）の有価証券をC社に譲渡しました。これは会社法第774条の3第1項第1号に規定する「株式交付子会社」の株式交付の手続きによりC社の株式と現金を受けています（譲渡損益の課税繰延適用）。A社の申告調整は、どのようになりますか。

（会社処理）

C社株式（B/S）	160	B社株式（B/S）	100
現金（B/S）	40	譲渡益（P/L）	100

（現状）

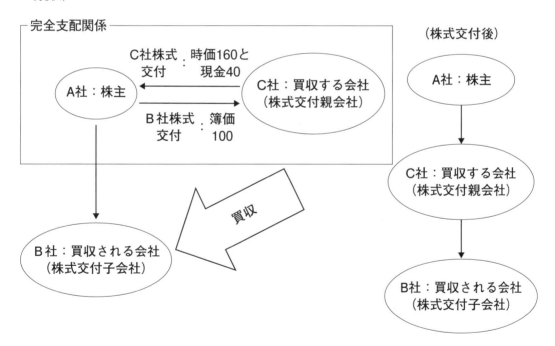

解説

1. 税務処理について

　法人が会社法の株式交付の制度によりその有する株式を譲渡し、株式交付親会社（買収す

る会社）の株式等の交付を受けた場合には、その譲渡した株式の譲渡損益を繰り延べる特例ができました（令和3年4月1日以後の株式交付から適用（措法66の2、令和3年改正措法附則53））。

(1)　有価証券の譲渡損益

①　この特例に該当しない場合の有価証券の譲渡損益は、次のとおり計算することとされています（法法61の2①）。

（算式）（法法61の2①）

$$\left(\underset{200}{\begin{array}{c}\text{交付金銭等の額}\end{array}} - \underset{0}{\begin{array}{c}\text{みなし配当の額}\end{array}}\right) - \underset{100}{\begin{array}{c}\text{譲渡原価の額（株式の簿価額）}\end{array}} = \underset{100}{\begin{array}{c}\text{譲渡損益}\end{array}}$$

譲渡対価の額

②　この特例に該当する場合の有価証券の譲渡損益は、次のとおりです。本件では、特例に該当しますので譲渡損益は20となります。

（算式）（措法66の2①）

（株式交付割合）

$$\underset{100}{\begin{array}{c}\text{株式交付}\\\text{子会社の}\\\text{簿価}\end{array}} \times \dfrac{\underset{160}{\begin{array}{c}\text{株式交付親会社の}\\\text{株式の時価}\end{array}}}{\underset{(160+40)}{\begin{array}{c}\text{対価全体の時価}\end{array}}} + \underset{40}{\begin{array}{c}\text{現金}\end{array}} - \underset{100}{\begin{array}{c}\text{株式交付}\\\text{子会社の}\\\text{簿価}\end{array}} = \underset{20}{\begin{array}{c}\text{譲渡損益}\end{array}}$$

（0.8）

③　完全支配関係がある法人間の資産の譲渡等について、A社が有価証券（譲渡損益調整資産）をC社に譲渡した場合、その有価証券に係る譲渡利益額は損金の額に算入することとされています（法法61の11①）。

(2)　有価証券の取得価額

株式交付により交付を受けた株式交付親会社の株式の取得価額は、株式交付親会社株式とそれ以外の資産がある場合、次のとおりです（措令39の10の2③一）。

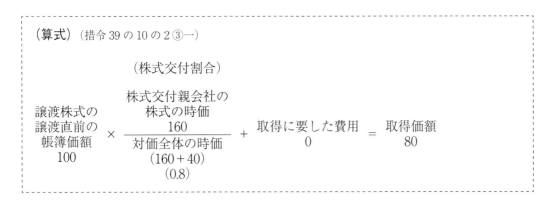

したがって、税務処理は次のとおりです。

（税務処理）

2. 修正処理について

　会社処理と税務処理とを比較しますと、処理に差異が生じていますので修正処理する必要があります。

（修正処理）

| 譲渡益（P/L） | 80 | C 社株式（B/S） | 80 |
| 譲渡損益調整勘定繰入額（P/L） | 20 | 譲渡損益調整資産（有価証券）（B/S） | 20 |

①　別表四は「譲渡益過大」として 80 減算（留保）、「譲渡損益調整勘定繰入額」として 20 減算（留保）します。

②　別表五（一）は貸借対照表（C 社株式、譲渡損益調整資産（有価証券））の消去処理のため、「C 社株式」として 80 減算、「譲渡損益調整資産（有価証券）」として 20 減算します。

3.　別表調理について

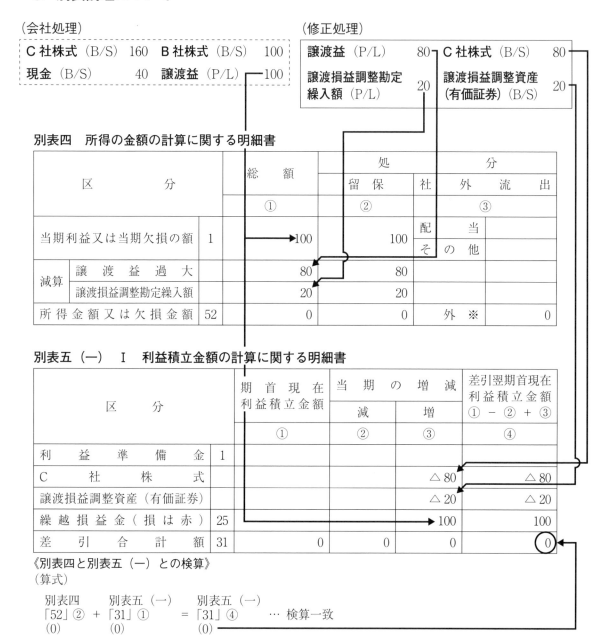

（会社処理）

C社株式（B/S）160	B社株式（B/S） 100
現金（B/S）　40	譲渡益（P/L）　100

（修正処理）

譲渡益（P/L）　80	C社株式（B/S）　80
譲渡損益調整勘定繰入額（P/L） 20	譲渡損益調整資産（有価証券）（B/S） 20

別表四　所得の金額の計算に関する明細書

区　　　　分		総　額	処　　　　　　分		
			留　保	社 外	流 出
		①	②	③	
当期利益又は当期欠損の額	1	100	100	配　当	
				その他	
減算	譲 渡 益 過 大	80	80		
	譲渡損益調整勘定繰入額	20	20		
所 得 金 額 又 は 欠 損 金 額	52	0	0	外　※	0

別表五（一）　I　利益積立金額の計算に関する明細書

区　　　分		期 首 現 在 利益積立金額	当 期 の 増 減		差引翌期首現在 利益積立金額 ① － ② ＋ ③
			減	増	
		①	②	③	④
利 益 準 備 金	1				
C 社 株 式				△80	△80
譲渡損益調整資産（有価証券）				△20	△20
繰 越 損 益 金 （ 損 は 赤 ）	25			100	100
差 引 合 計 額	31		0	0	0

《別表四と別表五（一）との検算》

（算式）

別表四　　　別表五（一）　　別表五（一）
「52」②　＋　「31」①　　＝　「31」④　　… 検算一致
（0）　　　　（0）　　　　　（0）

1-44　自己株式を低額で取得した場合（発行法人）

Q

　発行法人 B 社は相対取引により法人株主 A 社から発行法人 B 社株式（自己株式）50 株を 70,000（帳簿価額 50,000、時価 150,000）で取得しました。B 社の純資産の部の状況は次のとおりです。B 社の取得時の申告調整は、どのようになりますか。

B 社の税務上の純資産の部の状況

資 本 金 等 の 額	200,000
利 益 積 立 金 額	400,000
発 行 済 株 式 総 数	200 株
(取得した自己株式の状況) B 社の取得価額：70,000（50 株×1,400/株） A 社における B 社の帳簿価額：50,000（50 株×1,000/株）	

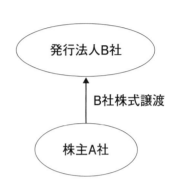

（会社処理）

B 社株式 (B/S) （自己株式）	70,000	現金 (B/S)	70,000

1. 税務処理について

　発行法人 B 社が相対取引により株主 A 社から B 社株式（自己株式）を取得し A 社に金銭等を交付した場合は、B 社においては「資本の払戻し」と「剰余金の配当（みなし配当）」を行ったものとされ、「資本金等の額」の減少と「利益積立金額」の減少として処理されます（法法 24 ①五、法令 8 ①二十、9 ①十四）。

　なお、「みなし配当の額」が生じる事由に該当しない場合、例えば、上場株式の市場における取得等には利益積立金額の減少はなく、その取得対価の全額が「資本金等の額」の減少となります（法法 24 ①五（）書き、法令 8 ①二十一）。本件は相対取引なので非該当です。

　発行法人において資本金等の増加又は減少がある取引は「資本等取引」と定義され損益を認識しないこととされています（法法 22 ②～⑤）。

(1)　資本金等の額の減少額

　B 社の資本金等の減少額は、次のとおり計算することとされています（法令 9 ①十四）。

（算式）（法令8①二十、法法24①五〜七）　一の種類株式を発行

※　取得資本金額（交付金銭等の額が限度（適格現物分配は帳簿価額））

$$\frac{\underset{（0以下は0）200,000}{取得直前の資本金等の額}}{\underset{（自己株式を除く）200}{取得直前の発行済株式等の総数}} \times \frac{取得した自己株式の数}{50} = 50,000$$

---

(2)　利益積立金額の減少額

B社の利益積立金額の減少額は、次のとおり計算することとされています（法令9①十四）。

（算式））（法令9①十四、8①二十）

交付金銭等の額 70,000 － 取得資本金額 50,000 ＝ みなし配当の額 20,000

---

(3)　自己株式の低額取得に係る受贈益

当事者間の取引は時価取引を基礎として税務処理することになります（法法22）。自己株式といえども当事者間では株式の譲渡として処理されることになります。

発行法人において、自己株式は有価証券として存在がないものとされています（法法2十六）。本件では、税務処理において低額部分は益金（受贈益）又は損金（寄附金）として処理します。

発行法人においては、資本等取引として課税所得を構成しませんので別表四において処分は「社外流出」処理することになります。

したがって、税務処理は次のとおりです。

（税務処理）

	自己株式（B/S）	150,000	現金（B/S）	70,000
			未払金（B/S）	80,000
	未払金（B/S）	80,000	受贈益（P/L）	80,000 ← 法法22⑤
法令8①二十 →	資本金等の額（B/S）	50,000	自己株式（B/S）	150,000
法令9①十四 →	みなし配当（P/L）	20,000		
法法22⑤ →	寄附金（B/S）	80,000		

2.　修正処理について

会社処理と税務処理とを比較しますと、処理に差異が生じていますので修正処理する必要があります。

（修正処理）

みなし配当（P/L）	20,000	自己株式（B/S）	70,000
資本金等の額（B/S）	50,000		
寄附金（P/L）	80,000	受贈益（P/L）	80,000

分解

（修正処理）

みなし配当（P/L）	20,000	自己株式（B/S）	70,000
利益積立金額（B/S）	50,000		
資本金等の額（B/S）	50,000	利益積立金額（B/S）	50,000
寄附金（P/L）	80,000	受贈益（P/L）	80,000

(1)　第一ステップ（会計処理との差異）の処理

① 別表四は「みなし配当認容」として 20,000 減算（留保）、「寄附金計上もれ」として 80,000 減算（留保）、「受贈益計上もれ」として 80,000 加算（留保）します。

② 別表五（一）は翌期以後の貸借対照表（利益積立金額、資本金等の額、自己株式）の消去処理のため、「自己株式」として 70,000 減算します。

　調整項目として、利益積立金額の計算明細は「資本金等の額」として 50,000 加算、資本金等の額の計算明細は「利益積立金額」として 50,000 減算します。この加減算は現在の企業会計処理上、解散清算するまで消去できません。

(2)　第二ステップ（別段の定め）の処理

　法人税法上、発行法人において資本金等の増加又は減少がある取引は資本等取引と定義され損益を認識しません（法法 22 ②〜⑤）。また、利益又は剰余金の分配は、資本等取引とされています（法法 22 ⑤）。

　したがって、「みなし配当認容」20,000 は損金と認識しませんので、別表四は「みなし配当」として 20,000 加算（流出）します。

　また、「受贈益計上もれ否認（資本等取引）」として 80,000 減算（流出）、「寄附金計上もれ否認（資本等取引）」として 80,000 加算（流出）します（加算額と減算額が同額であるため申告調整は省略可能）。

3.　別表調理について

（会社処理）

| B社株式（B/S）70,000 | 現金（B/S）70,000 |

（修正処理）

みなし配当（P/L）20,000	自己株式（B/S）70,000
利益積立金額（B/S）50,000	
資本金等の額（B/S）50,000	利益積立金額（B/S）50,000
寄附金（P/L）80,000	受贈益（P/L）80,000

別表四　所得の金額の計算に関する明細書

区　　　　分		総　　額	処　　　　　　　分		分	
			留　保	社　外　流　出		
		①	②	③		
当 期 利 益 又 は 当 期 欠 損 の 額	1	0	0	配　　当		
				そ　の　他		
加算	み な し 配 当（資本等取引）	20,000		配　　当		20,000
	受 贈 益 計 上 も れ	80,000	80,000			
	寄附金計上もれ否認（資本等取引）	80,000		そ　の　他		80,000
減算	み な し 配 当 認 容	20,000	20,000			
	寄 附 金 計 上 も れ	80,000	80,000			
	受贈益計上もれ否認（資本等取引）	80,000				80,000
所 得 金 額 又 は 欠 損 金 額	52	0	△ 20,000	外　　※		20,000

別表五（一）　Ⅰ　利益積立金額の計算に関する明細書

区　　　分		期 首 現 在 利 益 積 立 金 額	当 期 の 増 減		差引翌期首現在 利 益 積 立 金 額 ① － ② ＋ ③
			減	増	
		①	②	③	④
利　益　準　備　金	1				
自　　己　　株　　式				△ 70,000	△ 70,000
資本金等の額（自己株式取得）				50,000	50,000
繰 越 損 益 金（損 は 赤）	25	400,000			400,000
差　引　合　計　額	31	400,000		△ 20,000	380,000

Ⅱ　資本金等の額の計算に関する明細書

区　　　分		期 首 現 在 資 本 金 等 の 額	当 期 の 増 減		差引翌期首現在 資 本 金 等 の 額 ① － ② ＋ ③
			減	増	
		①	②	③	④
資 本 金 又 は 出 資 金	32	250,000			250,000
そ　の　他　資　本　剰					
利益積立金額（自己株式取得）	34			△ 50,000	△ 50,000
差　引　合　計　額	36	250,000		△ 50,000	200,000

《別表四と別表五（一）との検算》
（算式）

```
別表四        別表五（一）    別表五（一）
「52」②    ＋  「31」①    ＝  「31」④    … 検算一致
（△ 20,000）   （400,000）     （380,000）
```

1-45 自己株式を低額で取得した場合（株主）

Q

　法人株主 A 社は発行法人 B 社に対して、相対取引により B 社株式（自己株式）50 株を 70,000（帳簿価額 50,000、時価 150,000）で譲渡しました。B 社の純資産の部の状況は次のとおりです。A 社の売却時の申告調整は、どのようになりますか。

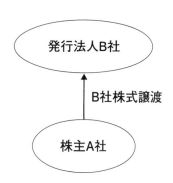

B 社の税務上の純資産の部の状況

資 本 金 等 の 額	200,000
利 益 積 立 金 額	400,000
発 行 済 株 式 総 数	200 株

（取得した自己株式の状況）
B 社の取得価額：70,000（50 株×1,400/株）
A 社における B 社の帳簿価額：50,000（50 株×1,000/株）

（会社処理）

現金（B/S）	70,000	B 社株式（B/S）	50,000
		譲渡益（P/L）	20,000

解説

1. 税務処理について

(1) 株式を低額譲渡した場合の処理

　法人税法上、資産（B 社株式）の売買は時価 150,000 で認識しますので、取引価格 70,000 との差額 80,000 は譲渡益となります（法法 22 ②）。

　この譲渡益 80,000 を発行会社から収受しない場合は、発行会社へ利益の供与をしたことになり寄附金処理することになります（法法 37 ⑧）。

(2) みなし配当の額

　株主 A 社が相対取引により発行法人 B 社に対して B 社株式を譲渡し金銭等の交付を受けた場合、B 社における「資本金等の額」の減少額は、B 社株式の譲渡損益計算上の「譲渡対価の額」となります（法法 61 の 2 ①）。また、B 社における「利益積立金額」の減少額は、「みなし配当の額」となります（法法 24 ①五）。

　株主 A 社が B 社の B 社株式の取得により金銭等の交付を受けた場合、その金銭等の額

が、B社の資本金等の額のうち株式に対応する部分の金額を超える部分の金額は、みなし配当の額とされています（法法24①五）。

```
（算式）（法法24①五）適格現物分配は帳簿価額

  交付金銭等の額  _  株式に対応する部分の金額  =  みなし配当の額
     70,000            50,000                   20,000
```

株式に対応する部分の金額

```
（算式）（法法24①五～七、法令23①六イ）　一の種類株式を発行

        取得直前の資本金等の額
         （0以下は0）200,000
   ─────────────────────────────  ×  取得した自己株式の数  =  50,000
     取得直前の発行済株式等の総数           50
       （自己株式を除く）200
```

(3)　有価証券の譲渡損益

B社株式の譲渡損益は、次のとおり計算することとされています（法法61の2①）。

```
（算式）（法法61の2①）
          譲渡対価の額
 ⎛ 時価   _  みなし配当の額 ⎞  _  譲渡原価の額（株式の帳簿価額）  =  譲渡損益
 ⎝150,000      20,000     ⎠           50,000                    80,000
```

譲渡原価の額（株式の帳簿価額）

```
（算式）（法法61の2①二）
譲渡直前の帳簿価額@ 1,000/株  ×  株式数50  =  譲渡原価 50,000
```

したがって、税務処理は次のとおりです。

```
（税務処理）
 現金（B/S）       70,000    譲渡対価（P/L）    50,000   ← 法法61の2①一
 未収入金（B/S）   80,000    みなし配当（P/L）  20,000   ← 法法24①五
                            譲渡益（P/L）      80,000
 譲渡原価（P/L）   50,000    B社株式（B/S）     50,000
 寄附金（P/L）     80,000    未収入金（B/S）    80,000
```
法法61の2①二 →　譲渡原価（P/L）
法法37⑧ →　寄附金（P/L）

2.　修正処理について

会社処理と税務処理とを比較しますと、処理に差異が生じていますので修正処理する必要

があります。

（修正処理）

| 寄附金（P/L） | 80,000 | 譲渡益（P/L） | 60,000 |
| | | みなし配当（P/L） | 20,000 |

(1)　第一ステップ（会計処理との差異）の処理

　別表四は「みなし配当計上もれ」として 20,000 加算（留保）、「譲渡益計上もれ」として 60,000 加算（留保）、「寄附金認容」として 80,000 減算（留保）します。

(2)　第二ステップ（別段の定め）の処理

　寄附金の損金算入限度額の計算を行い、損金不算入額を 80,000 加算（流出）します（法法 37 ①）。本件は全額損金不算入額とします。

3.　その他

　受取配当等の益金不算入の適用を受ける場合には、法人税の確定申告書、修正申告書又は更正請求書に益金不算入の配当等の額及びその計算に関する明細（申告書別表八）を記載した書類の添付がある場合に限り、適用が認められています（法法 23 ⑧）。

4．別表調理について

（会社処理）

現金（B/S）	70,000	B社株式（B/S）	50,000
		譲渡益（P/L）	20,000

（修正処理）

寄附金（P/L）	80,000	譲渡益（P/L）	60,000
		みなし配当（P/L）	20,000

別表四　所得の金額の計算に関する明細書

区　　　　　分		総　　額	処　　　　　　分		
			留　保	社　外　流　出	
		①	②	③	
当期利益又は当期欠損の額	1	20,000	20,000	配　　当	
				その他	
加算	みなし配当計上もれ		20,000	20,000		
	譲渡益計上もれ		60,000	60,000		
減算	寄　附　金　認　容		80,000	80,000		
寄附金の損金不算入額	27	80,000		その他	80,000
所得金額又は欠損金額	52	100,000	20,000	外　※	80,000

別表五（一）　Ⅰ　利益積立金額の計算に関する明細書

区　　　　　分		期首現在利益積立金額	当　期　の　増　減		差引翌期首現在利益積立金額 ① － ② ＋ ③
			減	増	
		①	②	③	④
利　益　準　備　金	1				0
繰越損益金（損は赤）	25	0		20,000	20,000
差　引　合　計　額	31	0		20,000	20,000

《別表四と別表五（一）との検算》

（算式）

```
別表四        別表五（一）    別表五（一）
「52」②  ＋  「31」①   ＝  「31」④    … 検算一致
(20,000)     (0)          (20,000)
```

1-46 自己株式を第三者に低額で譲渡した場合 (発行法人)

Q

　発行法人B社はB社株式（自己株式）50株を70,000（時価150,000）で第三者に譲渡しました。差額80,000は贈与部分です。B社の純資産の部の状況は次のとおりです。B社の譲渡時の申告調整は、どのようになりますか。

　　B社の税務上の純資産の部の状況
別表五（一）の期首の状況
Ⅰ　利益積立金額の計算に関する明細書

区　　　　分	期 首 現 在 利益積立金額
B 　社 　株 　式 （ 自 己 株 式 ）	△ 70,000
資 本 金 等 の 額 （ 自 己 株 式 取 得 ）	50,000
繰越損益金（損は赤）	400,000

Ⅱ　資本金等の額の計算に関する明細書

区　　　　分	期 首 現 在 資本金等の額
資 本 金 又 は 出 資 金	200,000
利 益 積 立 金 額 （ 自 己 株 式 取 得 ）	△ 50,000

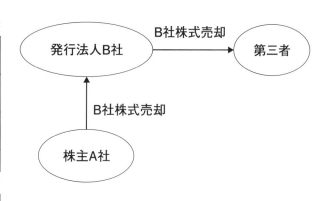

（会社処理）

現金（B/S）	70,000	B社株式（B/S） （自己株式）	70,000

解説

1. 税務処理について

⑴　会社法上の処理

　会社法上、自己株式については発行価額という概念がなく、株主が会社に対し金銭等の払込み等をした額をもって増加する資本金の額及び資本準備金の額とされています（会法445）。新株の発行と自己株式の処分の手続の一体化により「募集株式の発行等」とされ、

自己株式の処分はその他資本剰余金の増減項目とされています（会法199）。

(2) 法人税法上の処理

法人税法上、自己株式の処分により払い込まれた金銭等の額は、資本金等の額の増加となります（法法2十六、法令8①一）。

また、資産の売買は時価150,000で認識しますので、取引価格70,000との差額80,000は譲渡益となります（法法22②）。この譲渡益80,000を発行会社から収受しない場合は、発行会社へ利益の供与をしたことになりますので、寄附金処理することになります（法法37⑧）。

(3) 資本金等の額の増加額

B社の増加する資本金等の額は、次のとおり計算することとされています（法令8①一）。

（算式）（法令8①一）
払い込まれた金銭等の額70,000 － 増加資本金の額0 ＝ 70,000
※　増加資本金の額は登記簿上の金額

(4) 自己株式を低額譲渡した場合の処理

当事者間の取引は時価取引を基礎として税務処理することになります（法法22）。自己株式といえども当事者間では株式の譲渡として処理されることになります。

発行法人において、自己株式は有価証券として存在がないものとされています（法法2十六）。本件では、税務処理において低額部分は益金（受贈益）又は損金（寄附金）処理することとします。

発行法人においては、資本等取引として課税所得を構成しませんので別表四において処分は「社外流出」処理することになります。

したがって、税務処理は次のとおりです。

（税務処理）

現金（B/S）	70,000	資本金等の額（B/S）	70,000	← 法令8①一
寄附金（P/L）	80,000	譲渡益（P/L）	80,000

法法37⑧ →（寄附金の行）

2. 修正処理について

会社処理と税務処理とを比較しますと、処理に差異が生じていますので修正処理する必要があります。

（修正処理）

B社株式（B/S）（自己株式）	70,000	資本金等の額（B/S）	70,000
寄附金（P/L）	80,000	譲渡益（P/L）	80,000

分解

（修正処理）

B社株式（B/S）（自己株式）	70,000	利益積立金額（B/S）	70,000
利益積立金額（B/S）	70,000	資本金等の額（B/S）	70,000
寄附金（P/L）	80,000	譲渡益（P/L）	80,000

⑴　第一ステップ（会計処理との差異）の処理

①　別表四は「譲渡益計上もれ」として 80,000 加算（留保）、「寄附金認容」として 80,000 減算（留保）します。

②　別表五（一）は翌期以後の貸借対照表（自己株式、利益積立金額、資本金等の額）の消去処理のため、「B社株式（自己株式）」として 70,000 加算します。

調整項目として、利益積立金額の計算明細は「資本金等の額」として 70,000 減算、資本金等の額の計算明細は「利益積立金額」として 70,000 加算します。この加減算は現在の企業会計処理上、解散清算するまで消去できません。

⑵　第二ステップ（別段の定め）の処理

法人税法上、発行法人において資本金等の額の増加又は減少がある取引は資本等取引と定義され損益を認識しません（法法22②～⑤）。資本等取引に係るものは、損金不算入となっています（法法22③三）。

したがって、「譲渡益計上もれ否認（資本等取引）」として 80,000 減算（流出）、「寄附金認容否認（資本等取引）」として 80,000 加算（流出）します（加算額と減算額が同額であるため申告調整は省略可能）。

3.　別表調理について

（会社処理）

> 現金（B/S）　70,000　　**B社株式**（B/S）　70,000

（修正処理）

> **B社株式**（B/S）
> （自己株式）　70,000　─　利益積立金額（B/S）　70,000
>
> 利益積立金額（B/S）　70,000　　資本金等の額（B/S）　70,000
>
> 寄附金（P/L）　80,000　　譲渡益（P/L）　80,000

別表四　所得の金額の計算に関する明細書

区　　　分		総　　額	処　　　　　分			
			留　保	社	外　　流　　出	
		①	②		③	
当期利益又は当期欠損の額	1	0	0	配　　　当		
				その他		
加算	譲渡益計上もれ	80,000	80,000			
	寄附金認容否認（資本等取引）	80,000			80,000	
減算	寄附金認容	80,000	80,000			
	譲渡益計上もれ否認（資本等取引）	80,000			80,000	
所得金額又は欠損金額	52	0	0	外　※		0

別表五（一）　I　利益積立金額の計算に関する明細書

区　　　分		期首現在利益積立金額	当期の増減		差引翌期首現在利益積立金額 ① － ② ＋ ③
			減	増	
		①	②	③	④
利　益　準　備　金	1				0
B　社　株　式（自己株式）		△ 70,000	△ 70,000		0
資本金等の額（自己株式取得）		50,000	70,000		△ 20,000
繰越損益金（損は赤）	25	400,000			400,000
差　引　合　計　額	31	380,000	0		380,000

II　資本金等の額の計算に関する明細書

区　　　分		期首現在資本金等の額	当期の増減		差引翌期首現在資本金等の額 ① － ② ＋ ③
			減	増	
		①	②	③	④
資本金又は出資金	32	200,000			200,000
その他資本剰余金					
利益積立金額（自己株式取得）		△ 50,000	△ 70,000		20,000
差　引　合　計　額	36	150,000	△ 70,000		220,000

《別表四と別表五（一）との検算》

（算式）

別表四 「52」②		別表五（一） 「31」①		別表五（一） 「31」④	
（0）	＋	（380,000）	＝	（380,000）	… 検算一致

1-47 自己株式を第三者に低額で譲渡した場合
（第三者）

発行法人 B 社は自己株式 50 株を 70,000（時価 150,000）で第三者に譲渡しました。第三者の譲渡時の申告調整は、どのようになりますか。

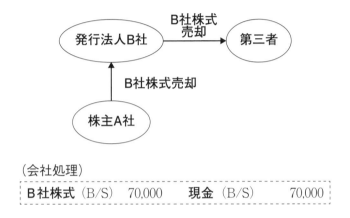

（会社処理）

B社株式（B/S）	70,000	現金（B/S）	70,000

解説

1. 税務処理について

⑴ 株式を低額で譲り受けた場合の処理

法人税法上、資産の売買は時価 150,000 で認識しますので取引価格 70,000 との差額 80,000 は受贈益となります（法法 22 ②、法基通 2-3-9）。

⑵ 有価証券の取得価額

B 社株式（自己株式）を無償で譲り受けた場合の取得価額は、次のとおり計算することとされています（法令 119 ①四）。

（算式）（法令 119 ①四）
取得のために通常要する価額（時価）150,000 ＝ 取得価額 150,000

したがって、税務処理は次のとおりです。

（税務処理）

法令 119 ①四 →　| B社株式（B/S）150,000 | 現金（B/S）70,000 |
| | 受贈益（P/L）80,000 |　← 法法 22 ②

2. 修正処理について

　会社処理と税務処理とを比較しますと、処理に差異が生じていますので修正処理する必要があります。

（修正処理）

| **B社株式**（B/S）80,000 | **受贈益**（P/L）80,000 |

① 　別表四は「受贈益計上もれ」として 80,000 加算（留保）します。

② 　別表五（一）は翌期以後の貸借対照表（B社株式）の消去処理のため、「B社株式」として 80,000 加算します。

3. 別表調理について

（会社処理）
B社株式（B/S）70,000　現金（B/S）70,000

（修正処理）
B社株式（B/S）80,000　受贈益（P/L）80,000

別表四　所得の金額の計算に関する明細書

区　　　　分		総　　額	処　　　　　　分		
			留　保	社　外　流　出	
		①	②	③	
当期利益又は当期欠損の額	1	0	0	配　　当	
				そ　の　他	
加算	受贈益計上もれ	80,000	80,000		
所得金額又は欠損金額	52	80,000	80,000	外　※	

別表五（一）　I　利益積立金額の計算に関する明細書

区　　　分		期首現在利益積立金額	当期の増減		差引翌期首現在利益積立金額 ① − ② + ③
			減	増	
		①	②	③	④
利　益　準　備　金	1				0
B　社　株　式				80,000	80,000
繰越損益金（損は赤）	25			0	0
差　引　合　計　額	31	0	0	80,000	80,000

《別表四と別表五（一）との検算》
（算式）

別表四　　　別表五（一）　　別表五（一）
「52」②　+　「31」①　　=　「31」④　　… 検算一致
（80,000）　　（0）　　　　　（80,000）

1-48　自己株式を高額で取得した場合（発行法人）

発行法人B社は相対取引により法人株主A社から発行法人B社株式（自己株式）50株を200,000（帳簿価額50,000、時価150,000）で取得しました。B社の純資産の部の状況は次のとおりです。B社の取得時の申告調整は、どのようになりますか。

B社の税務上の純資産の部の状況

資　本　金　等　の　額	200,000
利　益　積　立　金　額	400,000
発　行　済　株　式　総　数	200 株

（取得した自己株式の状況）
B社の取得価額：70,000（50株×1,400/株）
A社におけるB社の帳簿価額：50,000（50株×1,000/株）

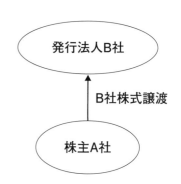

（会社処理）

B社株式（B/S） （自己株式）	200,000	現金（B/S）	200,000

解説

1. 税務処理について

　発行法人B社が相対取引により株主A社からB社株式（自己株式）を取得しA社に金銭等を交付した場合は、B社においては「資本の払戻し」と「剰余金の配当（みなし配当）」を行ったものとされ、「資本金等の額」の減少と「利益積立金額」の減少として処理されます（法法24①五、法令8①二十、9①十四）。

　なお、「みなし配当の額」が生じる事由に該当しない場合、例えば、上場株式の市場における取得等には利益積立金額の減少はなく、その取得対価の全額が「資本金等の額」の減少となります（法法24①五（）書き、法令8①二十一）。本件は相対取引なので非該当です。

　発行法人において資本金等の増加又は減少がある取引は「資本等取引」と定義され損益を認識しないこととされています（法法22②～⑤）。

(1)　資本金等の額の減少額

　B社の資本金等の額の減少額は、次のとおり計算することとされています（法令9①十四）。

（算式）（法令8①二十、法法24①五〜七）　一の種類株式を発行

※　取得資本金額（交付金銭等の額が限度（適格現物分配は帳簿価額））

$$\frac{\text{取得直前の資本金等の額（0以下は0）}\ 200,000}{\text{取得直前の発行済株式等の総数（自己株式を除く）}\ 200} \times \frac{\text{取得した自己株式の数}}{50} = 50,000$$

(2)　利益積立金額の減少額

　交付金銭等の額 200,000 のうち高額部分 50,000 は寄附金となります（法法37）。

　また、株主の地位に基づいて供与された一切の経済的利益は利益の分配とされています（法基通1-5-4）。本件では、200,000 を基礎としてみなし配当の計算をします。

　B社の利益積立金額の減少額は、次のとおり計算することとされています（法令9①十四）。

（算式）（法令9①十四、8①二十）

　交付金銭等の額 200,000 － 取得資本金額 50,000 ＝ みなし配当の額 150,000

　したがって、税務処理は次のとおりです。

（税務処理）

法令9①十四 →　みなし配当（P/L）　150,000　　現金（B/S）　200,000
法令8①二十 →　資本金等の額（B/S）　50,000

2.　修正処理について

　会社処理と税務処理とを比較しますと、処理に差異が生じていますので修正処理する必要があります。

（修正処理）

みなし配当（P/L）　150,000　　B社株式（B/S）（**自己株式**）　200,000
資本金等の額（B/S）　50,000

分解 ↓

（修正処理）

みなし配当（P/L）　150,000　　B社株式（B/S）（**自己株式**）　200,000
利益積立金額（B/S）　50,000
資本金等の額（B/S）　50,000　　利益積立金額（B/S）　50,000

⑴　**第一ステップ（会計処理との差異）の処理**

①　別表四は「みなし配当認容」として 150,000 減算（留保）します。

②　別表五（一）は翌期以後の貸借対照表（利益積立金額、資本金等の額、B社株式）の消去処理のため、「B社株式（自己株式)」として 200,000 減算します。

調整項目として、利益積立金額の計算明細は「資本金等の額」として 50,000 加算、資本金等の額の計算明細は「利益積立金額」として 50,000 減算します。この加減算は現在の企業会計処理上、解散清算するまで消去できません。

⑵　**第二ステップ（別段の定め）の処理**

①　利益又は剰余金の分配は、資本等取引とされています（法法22⑤)。

②　資本等取引に係るものは、損金不算入となっています（法法22③三)。

したがって、別表四は「みなし配当」として 150,000 加算（流出）します。

3. 別表調理について

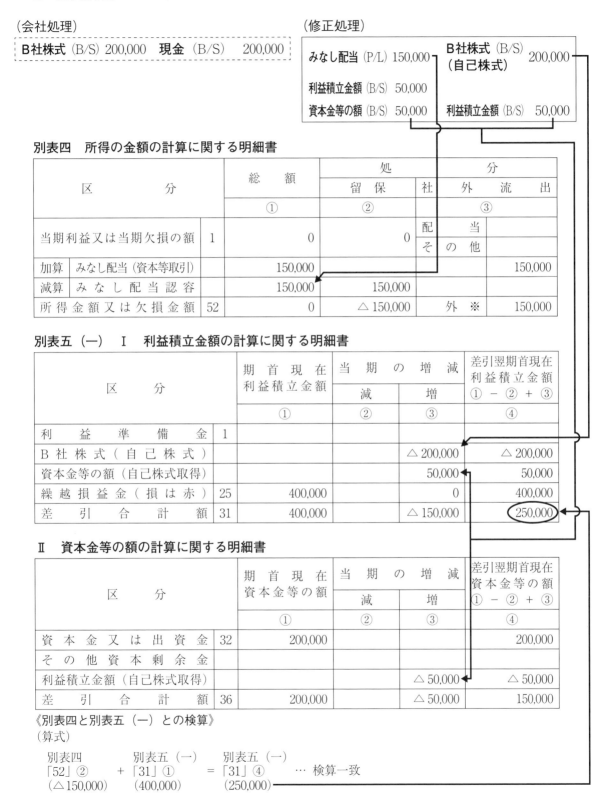

（会社処理）

B社株式（B/S）200,000　現金（B/S）200,000

（修正処理）

みなし配当（P/L）150,000　B社株式（B/S）（自己株式）200,000

利益積立金額（B/S）50,000

資本金等の額（B/S）50,000　利益積立金額（B/S）50,000

別表四　所得の金額の計算に関する明細書

区　　　分		総　額	処　　分			
			留　保	社	外　流　出	
		①	②		③	
当期利益又は当期欠損の額	1	0	0	配　当		
				その他		
加算 みなし配当（資本等取引）		150,000			150,000	
減算 みなし配当認容		150,000	150,000			
所得金額又は欠損金額	52	0	△150,000	外 ※	150,000	

別表五（一）　I　利益積立金額の計算に関する明細書

区　　　分		期首現在利益積立金額	当期の増減		差引翌期首現在利益積立金額 ①－②＋③
			減	増	
		①	②	③	④
利　益　準　備　金	1				
B 社 株 式（自己株式）				△200,000	△200,000
資本金等の額（自己株式取得）				50,000	50,000
繰越損益金（損は赤）	25	400,000		0	400,000
差　引　合　計　額	31	400,000		△150,000	250,000

II　資本金等の額の計算に関する明細書

区　　　分		期首現在資本金等の額	当期の増減		差引翌期首現在資本金等の額 ①－②＋③
			減	増	
		①	②	③	④
資本金又は出資金	32	200,000			200,000
その他資本剰余金					
利益積立金額（自己株式取得）				△50,000	△50,000
差　引　合　計　額	36	200,000		△50,000	150,000

《別表四と別表五（一）との検算》

（算式）

別表四　　　　別表五（一）　別表五（一）
「52」②　＋　「31」①　＝　「31」④　… 検算一致
（△150,000）　（400,000）　　（250,000）

1-49　自己株式を高額で取得した場合（株主）

Q

法人株主A社は発行法人B社に対して、相対取引によりB社株式（自己株式）50株を200,000（帳簿価額50,000、時価150,000）で譲渡しました。B社の純資産の部の状況は次のとおりです。A社の売却時の申告調整は、どのようになりますか。

B社の税務上の純資産の部の状況

資 本 金 等 の 額	200,000
利 益 積 立 金 額	400,000
発 行 済 株 式 総 数	200株

（取得した自己株式の状況）
B社の取得価額：70,000（50株×1,400/株）
A社におけるB社の帳簿価額：50,000（50株×1,000/株）

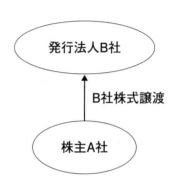

（会社処理）

現金（B/S）	200,000	B社株式（B/S）（自己株式）	50,000
		譲渡益（P/L）	150,000

解説

1. 税務処理について

⑴　みなし配当の額

株主A社が相対取引により発行法人B社に対してB社株式（自己株式）を譲渡し金銭等の交付を受けた場合、その金銭等の額が、B社の資本金等の額のうち株式に対応する部分の金額を超える部分の金額は、みなし配当の額とされています（法法24①五）。

（算式）（法法24①五）**適格現物分配は帳簿価額**

$$\underset{200,000}{\text{交付金銭等の額}} - \underset{50,000}{\text{株式に対応する部分の金額}} = \underset{150,000}{\text{みなし配当の額}}$$

株式に対応する部分の金額

（算式）（法法24①五〜七、法令23①六イ）　一の種類株式を発行

$$\frac{\text{取得直前の資本金等の額}\atop\text{（0以下は0）200,000}}{\text{取得直前の発行済株式等の総数}\atop\text{（自己株式を除く）200}} \times \frac{\text{取得した自己株式の数}}{50} = 50,000$$

(2)　有価証券の譲渡損益

　B社株式の譲渡損益は、次のとおり計算することとされています（法法61の2①）。

（算式）（法法61の2①）

$$\left(\underset{200,000}{\overset{\text{譲渡対価の額}}{\text{交付金銭等の額}}} - \underset{150,000}{\text{みなし配当の額}}\right) - \underset{50,000}{\text{譲渡原価の額（株式の帳簿価額）}} = \underset{0}{\text{譲渡損益}}$$

(3)　譲渡原価の額（株式の帳簿価額）

（算式）（法法61の2①二）
譲渡直前の帳簿価額@1,000/株 × 株式数50 = 譲渡損益50,000

したがって、税務処理は次のとおりです。

（税務処理）

現金（B/S）	200,000	譲渡対価（P/L）	50,000	← 法法61の2①一
		みなし配当（P/L）	150,000	← 法法24①五
法法61の2①二 → 譲渡原価（P/L）	50,000	B社株式（B/S）（自己株式）	50,000	

2.　修正処理について

　会社処理と税務処理とを比較しますと、処理に差異が生じていますので修正処理する必要があります。

（修正処理）

| 譲渡益（P/L） | 150,000 | みなし配当（P/L） | 150,000 |

別表四は「みなし配当計上もれ」として150,000加算（留保）し、「譲渡益過大計上」とし

て150,000減算（留保）します（加算額と減算額が同額であるため申告調整は省略可）。

3. その他

　受取配当等の益金不算入の適用を受ける場合には、法人税の確定申告書、修正申告書又は更正請求書に益金不算入の配当等の額及びその計算に関する明細（申告書別表八）を記載した書類の添付がある場合に限り、適用が認められています（法法23⑧）。

4. 別表調理について

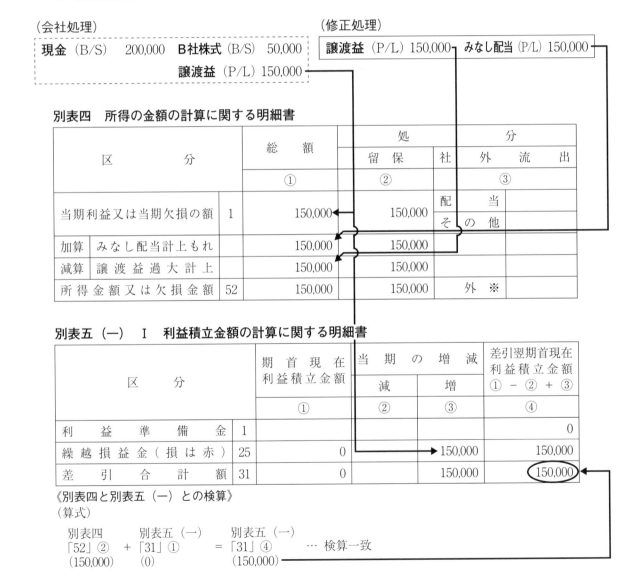

（会社処理）

| 現金（B/S） | 200,000 | B社株式（B/S） | 50,000 |
| | | 譲渡益（P/L） | 150,000 |

（修正処理）

| 譲渡益（P/L）150,000 | みなし配当（P/L）150,000 |

別表四　所得の金額の計算に関する明細書

区　　　分		総　額	処　　　　分		
			留　保	社　外　流　出	
		①	②	③	
当期利益又は当期欠損の額	1	150,000	150,000	配　当	
				その他	
加算	みなし配当計上もれ		150,000	150,000	
減算	譲渡益過大計上		150,000	150,000	
所得金額又は欠損金額	52	150,000	150,000	外　※	

別表五（一）　I　利益積立金額の計算に関する明細書

区　　　分		期首現在利益積立金額	当期の増減		差引翌期首現在利益積立金額①－②＋③
			減	増	
		①	②	③	④
利　益　準　備　金	1				0
繰越損益金（損は赤）	25	0		150,000	150,000
差　引　合　計　額	31	0		150,000	150,000

《別表四と別表五（一）との検算》

（算式）

別表四　　　　別表五（一）　　　別表五（一）
「52」②　＋　「31」①　　＝　「31」④　　… 検算一致
(150,000)　　　(0)　　　　　　(150,000)

1-50 自己株式を第三者に高額で譲渡した場合 （発行法人）

発行法人 B 社は自己株式 50 株を 200,000（時価 150,000）で C 社に譲渡しました。差額 50,000 は贈与部分です。B 社の純資産の部の状況は次のとおりです。B 社の譲渡時の申告調整は、どのようになりますか。

B 社の税務上の純資産の部の状況

別表五（一）の期首の状況

Ⅰ 利益積立金額の計算に関する明細書

区 分	期 首 現 在 利 益 積 立 金 額
B 社 株 式 （ 自 己 株 式 ）	△ 200,000
資 本 金 等 の 額 （ 自 己 株 式 取 得 ）	50,000
繰越損益金（損は赤）	400,000

Ⅱ 資本金等の額の計算に関する明細書

区 分	期 首 現 在 資 本 金 等 の 額
資 本 金 又 は 出 資 金	200,000
利 益 積 立 金 額 （ 自 己 株 式 取 得 ）	△ 50,000

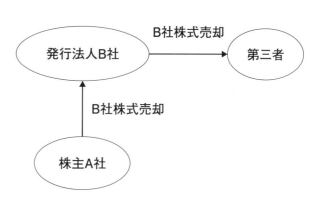

（会社処理）

現金（B/S）	200,000	B 社株式（B/S） （自己株式）	200,000

解説

1. 税務処理について

(1) 会社法上の処理

会社法上、自己株式については発行価額という概念がなく、株主が会社に対し金銭等の払込み等をした額をもって増加する資本金の額及び資本準備金の額とされています（会法445）。新株の発行と自己株式の処分の手続の一体化により「募集株式の発行等」とされ、

自己株式の処分はその他資本剰余金の増減項目とされています（会法199）。

(2) 法人税法上の処理

　法人税法上、資産（B社株式）の売買は時価150,000で認識しますので取引価格200,000との差額50,000は受贈益となります（法法22②、法基通2-3-9）。

　また、自己株式の処分により払い込まれた金銭等の額は、資本金等の額の増加となります（法法2二十六、法令8①一）。

　また、資産の売買は時価150,000で認識しますので、取引価格70,000との差額80,000は譲渡益となります（法法22②）。本件では、200,000を資本金等の額の払込金額として処理します。

(3) 資本金等の額の増加額

　自己株式の処分により払い込まれた金銭等の額は資本金等の額の増加となり、次のとおり計算することとされています（法令8①一）。

（算式）（法令8①一）

払い込まれた金銭等の額200,000 － 増加資本金の額0 ＝ 200,000

※　増加資本金の額は登記簿上の金額

したがって、税務処理は次のとおりです。

（税務処理）

現金（B/S）	200,000	資本金等の額（B/S）	200,000	← 法令8①一

2. 修正処理について

　会社処理と税務処理とを比較しますと、処理に差異が生じていますので修正処理する必要があります。

（修正処理）

B社株式（B/S）（自己株式）	200,000	資本金等の額（B/S）	200,000

分解

（修正処理）

B社株式（B/S）（自己株式）	200,000	利益積立金額（B/S）	200,000
利益積立金額（B/S）	200,000	資本金等の額（B/S）	200,000

①　別表四の申告調整は不要です。

②　別表五（一）は翌期以後の貸借対照表（B 社株式、利益積立金額、資本金等の額）の消去処理のため、「B 社株式（自己株式）」として 200,000 加算します。

　調整項目として、利益積立金額の計算明細は「資本金等の額」として 200,000 減算、資本金等の額の計算明細は「利益積立金額」として 200,000 加算します。この加減算は現在の企業会計処理上、解散清算するまで消去できません。

3.　別表調理について

（会社処理）

現金（B/S）　200,000　B社株式（B/S）　200,000
　　　　　　　　　　　（自己株式）

（修正処理）

B社株式（B/S）　200,000　利益積立金額（B/S）200,000
（自己株式）

利益積立金額（B/S）200,000　資本金等の額（B/S）200,000

別表四　所得の金額の計算に関する明細書

区　　　　　分		総　　額	処	分	
			留　保	社	外　　流　　出
		①	②		③
当期利益又は当期欠損の額	1	0	0	配　　当	
				その他	
所得金額又は欠損金額	52	0	0	外　※	

別表五（一）　Ⅰ　利益積立金額の計算に関する明細書

区　　　　　分		期首現在利益積立金額	当　期　の　増　減		差引翌期首現在利益積立金額 ① － ② + ③
			減	増	
		①	②	③	④
利　益　準　備　金	1				0
B 社 株 式（自己株式）		△ 200,000	△ 200,000		0
資　本　金　等　の　額（自　己　株　式　取　得）		50,000	200,000		△ 150,000
繰越損益金（損は赤）	25	400,000			400,000
差　引　合　計　額	31	250,000	0		250,000

Ⅱ　資本金等の額の計算に関する明細書

区　　　　　分		期首現在資本金等の額	当　期　の　増　減		差引翌期首現在資本金等の額 ① － ② + ③
			減	増	
		①	②	③	④
資　本　金　又　は　出　資　金	32	200,000			200,000
そ　の　他　資　本　剰　余　金					
利　益　積　立　金　額（自　己　株　式　取　得）		△ 50,000	△ 200,000		150,000
差　引　合　計　額	36	150,000	△ 200,000		350,000

《別表四と別表五（一）との検算》
（算式）

別表四　　　　別表五（一）　　　別表五（一）
「52」②　＋　「31」①　　＝　「31」④　　… 検算一致
(0)　　　　　(250,000)　　　(250,000)

1-51　自己株式を第三者に高額で譲渡した場合
（第三者）

Q

　発行法人 B 社は自己株式 50 株を 200,000（時価 150,000）で第三者に譲渡しました。差額 50,000 は贈与部分です。B 社の純資産の部の状況は次のとおりです。第三者の譲渡時の申告調整は、どのようになりますか。

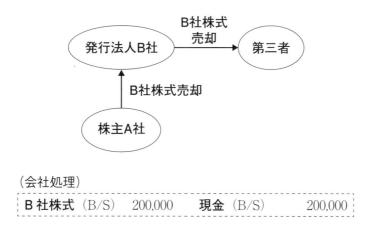

（会社処理）

| B 社株式（B/S）　200,000 | 現金（B/S）　200,000 |

解説

1.　税務処理について

⑴　株式を高額で譲り受けた場合の処理

　法人税法上、B 社株式の売買は時価 150,000 で認識しますので取引価格 200,000 との差額 50,000 は寄附金となります（法法 22 ②、法基通 2-3-9）。

　また、発行法人の B 社株式（自己株式）の処分により払い込まれた金銭等の額は資本金等の額の増加となります（法法 2 十六、法令 8 ①一）。本件では、200,000 を払込金額として処理します。

⑵　有価証券の取得価額

　金銭の払い込みにより取得した有価証券は、次のとおり計算することとされています（法令 119 ①二）。

（算式）（法令 119 ①二）

払込み金銭等の額 200,000 ＋ 払込みのために要した費用の額 0 ＝ 取得価額 200,000

したがって、税務処理は次のとおりです。

（税務処理）

法令 119 ①二→ | **B社株式**（B/S）　200,000 | **現金**（B/S）　200,000 |

2.　修正処理について

　会社処理と税務処理とを比較しますと、差異が生じていませんので修正処理する必要はありません。

（修正処理）

| なし |

　別表四及び別表五（一）の申告調整は不要です。

3. 別表調理について

（会社処理）

B社株式（B/S）200,000　現金（B/S）　200,000

（修正処理）

なし

別表四　所得の金額の計算に関する明細書

区　　　分		総　　額	処　　　　　分		
			留　保	社　外　流　出	
		①	②	③	
当期利益又は当期欠損の額	1	0	0	配　　当	
				そ　の　他	
所得金額又は欠損金額	52	0	0	外　※	

別表五（一）　I　利益積立金額の計算に関する明細書

区　　　分		期首現在利益積立金額	当　期　の　増　減		差引翌期首現在利益積立金額 ① － ② + ③
			減	増	
		①	②	③	④
利　益　準　備　金	1				0
繰越損益金（損は赤）	25			0	0
差　引　合　計　額	31	0	0	0	0

《別表四と別表五（一）との検算》

（算式）

別表四　　別表五（一）　　別表五（一）
「52」② ＋ 「31」① 　＝ 「31」④ 　… 検算一致
（0）　　　 （0）　　　　 （0）

第 **2** 章

参考法令

法人税法（抄）

（定義）

第2条 この法律において、次の各号に掲げる用語の意義は、当該各号に定めるところによる。

十二の十五 適格現物分配 内国法人を現物分配法人とする現物分配のうち、その現物分配により資産の移転を受ける者がその現物分配の直前において当該内国法人との間に完全支配関係がある内国法人（普通法人又は協同組合等に限る。）のみであるものをいう。

十六 資本金等の額 法人が株主等から出資を受けた金額として政令で定める金額をいう。

二十一 有価証券 金融商品取引法（昭和23年法律第25号）第2条第1項（定義）に規定する有価証券その他これに準ずるもので政令で定めるもの（自己が有する自己の株式又は出資及び第61条の5第1項（デリバティブ取引に係る利益相当額又は損失相当額の益金又は損金算入等）に規定するデリバティブ取引に係るものを除く。）をいう。

第22条 内国法人の各事業年度の所得の金額は、当該事業年度の益金の額から当該事業年度の損金の額を控除した金額とする。

2 内国法人の各事業年度の所得の金額の計算上当該事業年度の益金の額に算入すべき金額は、別段の定めがあるものを除き、資産の販売、有償又は無償による資産の譲渡又は役務の提供、無償による資産の譲受けその他の取引で資本等取引以外のものに係る当該事業年度の収益の額とする。

3 内国法人の各事業年度の所得の金額の計算上当該事業年度の損金の額に算入すべき金額は、別段の定めがあるものを除き、次に掲げる額とする。

一 当該事業年度の収益に係る売上原価、完成工事原価その他これらに準ずる原価の額

二 前号に掲げるもののほか、当該事業年度の販売費、一般管理費その他の費用（償却費以外の費用で当該事業年度終了の日までに債務の確定しないものを除く。）の額

三 当該事業年度の損失の額で資本等取引以外の取引に係るもの

4 第2項に規定する当該事業年度の収益の額及び前項各号に掲げる額は、別段の定めがあるものを除き、一般に公正妥当と認められる会計処理の基準に従って計算されるものとする。

5 第2項又は第3項に規定する資本等取引とは、法人の資本金等の額の増加又は減少を生ずる取引並びに法人が行う利益又は剰余金の分配（資産の流動化に関する法律第115条第1項（中間配当）に規定する金銭の分配を含む。）及び残余財産の分配又は引渡しをいう。

（受取配当等の益金不算入）

第23条 内国法人が次に掲げる金額（第1号に掲げる金額にあっては、外国法人若しくは公益法人等又は人格のない社団等から受けるもの及び適格現物分配に係るものを除く。以下この条において「配当等の額」という。）を受けるときは、その配当等の額（関連法人株式等に係る配当等の額にあっては当該配当等の額から当該配当等の額に係る利子の額に相当するものとして政令で定めるところにより計算した金額を控除した金額とし、完全子法人株式等、関連法人株式等及び非支配目的株式等のいずれにも該当しない株式等（株式又は出資をいう。以下この条において同じ。）に係る配当等の額にあっては当該配当等の額の100分の50に相当する金額とし、非支配目的株式等に係る配当等の額にあっては当該配当等の額の100分の20に相当する金額とする。）は、その内国法人の各事業年度の所得の金額の計算上、益金の額に算入しない。

一 剰余金の配当（株式等に係るものに限るものとし、資本剰余金の額の減少に伴うもの並びに分割型分割によるもの及び株式分配を除く。）若しくは利益の配当（分割型分割によるもの及び株式分配を除く。）又は剰余金の分配（出資に係るものに限る。）の額

二 投資信託及び投資法人に関する法律第137条（金銭の分配）の金銭の分配（出資総額等の減少に伴う金銭の分配として財務省令で定めるもの（第24条第1項第4号（配当等の額とみなす金額）において「出資等減少分配」という。）を除く。）の額

三　資産の流動化に関する法律第115条第1
項（中間配当）に規定する金銭の分配の額
8　適格合併、適格分割、適格現物出資又は適
格現物分配により株式等の移転が行われた場
合における第1項及び第2項の規定の適用そ
の他第1項から第6項までの規定の適用に関
し必要な事項は、政令で定める。

（外国子会社から受ける配当等の益金不算入）
第23条の2　内国法人が外国子会社（当該内国
法人が保有しているその株式又は出資の数又
は金額がその発行済株式又は出資（その有す
る自己の株式又は出資を除く。）の総数又は
総額の100分の25以上に相当する数又は金額
となっていることその他の政令で定める要件
を備えている外国法人をいう。以下この条に
おいて同じ。）から受ける前条第1項第1号に
掲げる金額（以下この条において「剰余金の
配当等の額」という。）がある場合には、当
該剰余金の配当等の額から当該剰余金の配当
等の額に係る費用の額に相当するものとして
政令で定めるところにより計算した金額を控
除した金額は、その内国法人の各事業年度の
所得の金額の計算上、益金の額に算入しない。
2　前項の規定は、次に掲げる剰余金の配当等
の額については、適用しない。
一　内国法人が外国子会社から受ける剰余金
の配当等の額で、その剰余金の配当等の額
の全部又は一部が当該外国子会社の本店又
は主たる事務所の所在する国又は地域の法
令において当該外国子会社の所得の金額の
計算上損金の額に算入することとされてい
る剰余金の配当等の額に該当する場合にお
けるその剰余金の配当等の額
二　内国法人が外国子会社から受ける剰余金
の配当等の額（次条第1項（第5号に係る
部分に限る。）の規定により、その内国法
人が受ける剰余金の配当等の額とみなされ
る金額に限る。以下この号において同じ。）
の元本である株式又は出資で、その剰余金
の配当等の額の生ずる基因となる同項第5
号に掲げる事由が生ずることが予定されて
いるものの取得（適格合併又は適格分割型
分割による引継ぎを含む。）をした場合に
おけるその取得をした株式又は出資に係る
剰余金の配当等の額（その予定されていた
事由に基因するものとして政令で定めるも

のに限る。）
3　内国法人が外国子会社から受ける剰余金の
配当等の額で、その剰余金の配当等の額の一
部が当該外国子会社の所得の金額の計算上損
金の額に算入されたものである場合には、前
項（第1号に係る部分に限る。）の規定にかか
わらず、その受ける剰余金の配当等の額のう
ちその損金の額に算入された部分の金額とし
て政令で定める金額（次項及び第7項におい
て「損金算入対応受取配当等の額」という。）
をもって、同号に掲げる剰余金の配当等の額
とすることができる。
4　内国法人が外国子会社から受けた剰余金の
配当等の額につき前項の規定の適用を受けた
場合において、当該剰余金の配当等の額を受
けた日の属する事業年度後の各事業年度にお
いて損金算入対応受取配当等の額が増額され
たときは、第2項第1号に掲げる剰余金の配
当等の額は、同項（同号に係る部分に限る。）
及び前項の規定にかかわらず、その増額され
た後の損金算入対応受取配当等の額として政
令で定める金額とする。
5　第1項の規定は、確定申告書、修正申告書
又は更正請求書に益金の額に算入されない剰
余金の配当等の額及びその計算に関する明細
を記載した書類の添付があり、かつ、財務省
令で定める書類を保存している場合に限り、
適用する。この場合において、同項の規定に
より益金の額に算入されない金額は、当該金
額として記載された金額を限度とする。
6　税務署長は、第1項の規定により益金の額
に算入されないこととなる金額の全部又は一
部につき前項に規定する財務省令で定める書
類の保存がない場合においても、その書類の
保存がなかったことについてやむを得ない事
情があると認めるときは、その書類の保存が
なかった金額につき第1項の規定を適用する
ことができる。
7　第3項の規定は、同項の剰余金の配当等の
額を受ける日の属する事業年度に係る確定申
告書、修正申告書又は更正請求書に同項の規
定の適用を受けようとする旨並びに損金算入
対応受取配当等の額及びその計算に関する明
細を記載した書類の添付があり、かつ、外国
子会社の所得の金額の計算上損金の額に算入
された剰余金の配当等の額を明らかにする書
類その他の財務省令で定める書類を保存して

いる場合に限り、適用する。

8　適格合併、適格分割、適格現物出資又は適格現物分配により外国法人の株式又は出資の移転が行われた場合における第1項の規定の適用その他同項から第4項までの規定の適用に関し必要な事項は、政令で定める。

（配当等の額とみなす金額）

第24条　法人（公益法人等及び人格のない社団等を除く。以下この条において同じ。）の株主等である内国法人が当該法人の次に掲げる事由により金銭その他の資産の交付を受けた場合において、その金銭の額及び金銭以外の資産の価額（適格現物分配に係る資産にあっては、当該法人のその交付の直前の当該資産の帳簿価額に相当する金額）の合計額が当該法人の資本金等の額のうちその交付の基因となった当該法人の株式又は出資に対応する部分の金額を超えるときは、この法律の規定の適用については、その超える部分の金額は、第23条第1項第1号又は第2号（受取配当等の益金不算入）に掲げる金額とみなす。

一　合併（適格合併を除く。）

二　分割型分割（適格分割型分割を除く。）

三　株式分配（適格株式分配を除く。）

四　資本の払戻し（剰余金の配当（資本剰余金の額の減少に伴うものに限る。）のうち分割型分割によるもの及び株式分配以外のもの並びに出資等減少分配をいう。）又は解散による残余財産の分配

五　自己の株式又は出資の取得（金融商品取引法第2条第16項（定義）に規定する金融商品取引所の開設する市場における購入による取得その他の政令で定める取得及び第61条の2第14項第1号から第3号まで（有価証券の譲渡益又は譲渡損の益金又は損金算入）に掲げる株式又は出資の同項に規定する場合に該当する場合における取得を除く。）

六　出資の消却（取得した出資について行うものを除く。）、出資の払戻し、社員その他法人の出資者の退社又は脱退による持分の払戻しその他株式又は出資をその発行した法人が取得することなく消滅させること。

七　組織変更（当該組織変更に際して当該組織変更をした法人の株式又は出資以外の資産を交付したものに限る。）

（役員給与の損金不算入）

第34条　内国法人がその役員に対して支給する給与（退職給与で業績連動給与に該当しないもの、使用人としての職務を有する役員に対して支給する当該職務に対するもの及び第3項の規定の適用があるものを除く。以下この項において同じ。）のうち次に掲げる給与のいずれにも該当しないものの額は、その内国法人の各事業年度の所得の金額の計算上、損金の額に算入しない。

二　その役員の職務につき所定の時期に、確定した額の金銭又は確定した数の株式（出資を含む。以下この項及び第5項において同じ。）若しくは新株予約権若しくは確定した額の金銭債権に係る第54条第1項（譲渡制限付株式を対価とする費用の帰属事業年度の特例）に規定する特定譲渡制限付株式若しくは第54条の2第1項（新株予約権を対価とする費用の帰属事業年度の特例等）に規定する特定新株予約権を交付する旨の定めに基づいて支給する給与で、定期同額給与及び業績連動給与のいずれにも該当しないもの（当該株式若しくは当該特定譲渡制限付株式に係る第54条第1項に規定する承継譲渡制限付株式又は当該新株予約権若しくは当該特定新株予約権に係る第54条の2第1項に規定する承継新株予約権による給与を含むものとし、次に掲げる場合に該当する場合にはそれぞれ次に定める要件を満たすものに限る。）

イ　その給与が定期給与を支給しない役員に対して支給する給与（同族会社に該当しない内国法人が支給する給与で金銭によるものに限る。）以外の給与（株式又は新株予約権による給与で、将来の役務の提供に係るものとして政令で定めるものを除く。）である場合　政令で定めるところにより納税地の所轄税務署長にその定めの内容に関する届出をしていること。

（寄附金の損金不算入）

第37条　内国法人が各事業年度において支出した寄附金の額（次項の規定の適用を受ける寄附金の額を除く。）の合計額のうち、その内国法人の当該事業年度終了の時の資本金の額及び資本準備金の額の合計額若しくは出資

金の額又は当該事業年度の所得の金額を基礎
として政令で定めるところにより計算した金
額を超える部分の金額は、当該内国法人の各
事業年度の所得の金額の計算上、損金の額に
算入しない。

2　内国法人が各事業年度において当該内国法
人との間に完全支配関係（法人による完全支
配関係に限る。）がある他の内国法人に対し
て支出した寄附金の額（第 25 条の 2（受贈
益）の規定の適用がないものとした場合に当
該他の内国法人の各事業年度の所得の金額の
計算上益金の額に算入される同条第 2 項に規
定する受贈益の額に対応するものに限る。）
は、当該内国法人の各事業年度の所得の金額
の計算上、損金の額に算入しない。

3　第 1 項の場合において、同項に規定する寄
附金の額のうちに次の各号に掲げる寄附金の
額があるときは、当該各号に掲げる寄附金の
額の合計額は、同項に規定する寄附金の額の
合計額に算入しない。
　一　国又は地方公共団体（港湾法（昭和 25 年
　　法律第 218 号）の規定による港務局を含
　　む。）に対する寄附金（その寄附をした者
　　がその寄附によって設けられた設備を専属
　　的に利用することその他特別の利益がその
　　寄附をした者に及ぶと認められるものを除
　　く。）の額
　二　公益社団法人、公益財団法人その他公益
　　を目的とする事業を行う法人又は団体に対
　　する寄附金（当該法人の設立のためにされ
　　る寄附金その他の当該法人の設立前におい
　　てされる寄附金で政令で定めるものを含
　　む。）のうち、次に掲げる要件を満たすと
　　認められるものとして政令で定めるところ
　　により財務大臣が指定したものの額
　　イ　広く一般に募集されること。
　　ロ　教育又は科学の振興、文化の向上、社
　　　会福祉への貢献その他公益の増進に寄与
　　　するための支出で緊急を要するものに充
　　　てられることが確実であること。

4　第 1 項の場合において、同項に規定する寄
附金の額のうちに、公共法人、公益法人等
（別表第 2 に掲げる一般社団法人、一般財団
法人及び労働者協同組合を除く。以下この項
及び次項において同じ。）その他特別の法律
により設立された法人のうち、教育又は科学
の振興、文化の向上、社会福祉への貢献その

他公益の増進に著しく寄与するものとして政
令で定めるものに対する当該法人の主たる目
的である業務に関連する寄附金（出資に関す
る業務に充てられることが明らかなもの及び
前項各号に規定する寄附金に該当するものを
除く。）の額があるときは、当該寄附金の額
の合計額（当該合計額が当該事業年度終了の
時の資本金の額及び資本準備金の額の合計額
若しくは出資金の額又は当該事業年度の所得
の金額を基礎として政令で定めるところによ
り計算した金額を超える場合には、当該計算
した金額に相当する金額）は、第 1 項に規定
する寄附金の額の合計額に算入しない。ただ
し、公益法人等が支出した寄附金の額につい
ては、この限りでない。

5　公益法人等がその収益事業に属する資産の
うちからその収益事業以外の事業のために支
出した金額（公益社団法人又は公益財団法人
にあっては、その収益事業に属する資産のう
ちからその収益事業以外の事業で公益に関す
る事業として政令で定める事業に該当するも
ののために支出した金額）は、その収益事業
に係る寄附金の額とみなして、第 1 項の規定
を適用する。ただし、事実を隠蔽し、又は仮
装して経理をすることにより支出した金額に
ついては、この限りでない。

6　内国法人が特定公益信託（公益信託ニ関ス
ル法律（大正 11 年法律第 62 号）第 1 条（公
益信託）に規定する公益信託で信託の終了の
時における信託財産がその信託財産に係る信
託の委託者に帰属しないこと及びその信託事
務の実施につき政令で定める要件を満たすも
のであることについて政令で定めるところに
より証明がされたものをいう。）の信託財産
とするために支出した金銭の額は、寄附金の
額とみなして第 1 項、第 4 項、第 9 項及び第
10 項の規定を適用する。この場合において、
第 4 項中「）の額」とあるのは、「）の額（第
6 項に規定する特定公益信託のうち、その目
的が教育又は科学の振興、文化の向上、社会
福祉への貢献その他公益の増進に著しく寄与
するものとして政令で定めるものの信託財産
とするために支出した金銭の額を含む。）」と
するほか、この項の規定の適用を受けるため
の手続に関し必要な事項は、政令で定める。

7　前各項に規定する寄附金の額は、寄附金、
拠出金、見舞金その他いずれの名義をもって

するかを問わず、内国法人が金銭その他の資産又は経済的な利益の贈与又は無償の供与（広告宣伝及び見本品の費用その他これらに類する費用並びに交際費、接待費及び福利厚生費とされるべきものを除く。次項において同じ。）をした場合における当該金銭の額若しくは金銭以外の資産のその贈与の時における価額又は当該経済的な利益のその供与の時における価額によるものとする。

8　内国法人が資産の譲渡又は経済的な利益の供与をした場合において、その譲渡又は供与の対価の額が当該資産のその譲渡の時における価額又は当該経済的な利益のその供与の時における価額に比して低いときは、当該対価の額と当該価額との差額のうち実質的に贈与又は無償の供与をしたと認められる金額は、前項の寄附金の額に含まれるものとする。

9　第3項の規定は、確定申告書、修正申告書又は更正請求書に第1項に規定する寄附金の額の合計額に算入されない第3項各号に掲げる寄附金の額及び当該寄附金の明細を記載した書類の添付がある場合に限り、第4項の規定は、確定申告書、修正申告書又は更正請求書に第1項に規定する寄附金の額の合計額に算入されない第4項に規定する寄附金の額及び当該寄附金の明細を記載した書類の添付があり、かつ、当該書類に記載された寄附金が同項に規定する寄附金に該当することを証する書類として財務省令で定める書類を保存している場合に限り、適用する。この場合において、第3項又は第4項の規定により第1項に規定する寄附金の額の合計額に算入されない金額は、当該金額として記載された金額を限度とする。

10　税務署長は、第4項の規定により第1項に規定する寄附金の額の合計額に算入されないこととなる金額の全部又は一部につき前項に規定する財務省令で定める書類の保存がない場合においても、その書類の保存がなかったことについてやむを得ない事情があると認めるときは、その書類の保存がなかった金額につき第4項の規定を適用することができる。

11　財務大臣は、第3項第2号の指定をしたときは、これを告示する。

12　第5項から前項までに定めるもののほか、第1項から第4項までの規定の適用に関し必要な事項は、政令で定める。

第52条　次に掲げる内国法人が、その有する金銭債権（債券に表示されるべきものを除く。以下この項及び次項において同じ。）のうち、更生計画認可の決定に基づいて弁済を猶予され、又は賦払により弁済されることその他の政令で定める事実が生じていることによりその一部につき貸倒れその他これに類する事由による損失が見込まれるもの（当該金銭債権に係る債務者に対する他の金銭債権がある場合には、当該他の金銭債権を含む。以下この条において「個別評価金銭債権」という。）のその損失の見込額として、各事業年度（被合併法人の適格合併に該当しない合併の日の前日の属する事業年度及び残余財産の確定（その残余財産の分配が適格現物分配に該当しないものに限る。次項において同じ。）の日の属する事業年度を除く。）において損金経理により貸倒引当金勘定に繰り入れた金額については、当該繰り入れた金額のうち、当該事業年度終了の時において当該個別評価金銭債権の取立て又は弁済の見込みがないと認められる部分の金額を基礎として政令で定めるところにより計算した金額（第5項において「個別貸倒引当金繰入限度額」という。）に達するまでの金額は、当該事業年度の所得の金額の計算上、損金の額に算入する。

一　当該事業年度終了の時において次に掲げる法人に該当する内国法人
　　イ　普通法人（投資法人及び特定目的会社を除く。）のうち、資本金の額若しくは出資金の額が1億円以下であるもの（第66条第5項第2号又は第3号（各事業年度の所得に対する法人税の税率）に掲げる法人に該当するもの及び同条第6項に規定する大通算法人を除く。）又は資本若しくは出資を有しないもの（同項に規定する大通算法人を除く。）
　　ロ　公益法人等又は協同組合等
　　ハ　人格のない社団等
二　次に掲げる内国法人
　　イ　銀行法（昭和56年法律第59号）第2条第1項（定義等）に規定する銀行
　　ロ　保険業法（平成7年法律第105号）第2条第2項（定義）に規定する保険会社
　　ハ　イ又はロに掲げるものに準ずるものとして政令で定める内国法人
三　第64条の2第1項（リース取引に係る所

得の金額の計算）の規定により売買があったものとされる同項に規定するリース資産の対価の額に係る金銭債権を有する内国法人その他の金融に関する取引に係る金銭債権を有する内国法人として政令で定める内国法人（前2号に掲げる内国法人を除く。）

2　前項各号に掲げる内国法人が、その有する売掛金、貸付金その他これらに準ずる金銭債権（個別評価金銭債権を除く。以下この条において「一括評価金銭債権」という。）の貸倒れによる損失の見込額として、各事業年度（被合併法人の適格合併に該当しない合併の日の前日の属する事業年度及び残余財産の確定の日の属する事業年度を除く。）において損金経理により貸倒引当金勘定に繰り入れた金額については、当該繰り入れた金額のうち、当該事業年度終了の時において有する一括評価金銭債権の額及び最近における売掛金、貸付金その他これらに準ずる金銭債権の貸倒れによる損失の額を基礎として政令で定めるところにより計算した金額（第6項において「一括貸倒引当金繰入限度額」という。）に達するまでの金額は、当該事業年度の所得の金額の計算上、損金の額に算入する。

3　前2項の規定は、確定申告書にこれらの規定に規定する貸倒引当金勘定に繰り入れた金額の損金算入に関する明細の記載がある場合に限り、適用する。

4　税務署長は、前項の記載がない確定申告書の提出があった場合においても、その記載がなかったことについてやむを得ない事情があると認めるときは、第1項及び第2項の規定を適用することができる。

5　内国法人が、適格分割、適格現物出資又は適格現物分配（適格現物分配にあっては、残余財産の全部の分配を除く。以下この条において「適格分割等」という。）により分割承継法人、被現物出資法人又は被現物分配法人に個別評価金銭債権を移転する場合（当該適格分割等の直前の時を事業年度終了の時とした場合に当該内国法人が第1項各号に掲げる法人に該当する場合に限る。）において、当該個別評価金銭債権について同項の貸倒引当金勘定に相当するもの（以下この条において「期中個別貸倒引当金勘定」という。）を設けたときは、その設けた期中個別貸倒引当金勘定の金額に相当する金額のうち、当該個別評価金銭債権につき当該適格分割等の直前の時を事業年度終了の時とした場合に同項の規定により計算される個別貸倒引当金繰入限度額に相当する金額に達するまでの金額は、当該適格分割等の日の属する事業年度の所得の金額の計算上、損金の額に算入する。

6　内国法人が、適格分割等により分割承継法人、被現物出資法人又は被現物分配法人に一括評価金銭債権を移転する場合（当該適格分割等の直前の時を事業年度終了の時とした場合に当該内国法人が第1項各号に掲げる法人に該当する場合に限る。）において、当該一括評価金銭債権について第2項の貸倒引当金勘定に相当するもの（以下この条において「期中一括貸倒引当金勘定」という。）を設けたときは、その設けた期中一括貸倒引当金勘定の金額に相当する金額のうち、当該一括評価金銭債権につき当該適格分割等の直前の時を事業年度終了の時とした場合に同項の規定により計算される一括貸倒引当金繰入限度額に相当する金額に達するまでの金額は、当該適格分割等の日の属する事業年度の所得の金額の計算上、損金の額に算入する。

7　前2項の規定は、これらの規定に規定する内国法人が適格分割等の日以後2月以内に期中個別貸倒引当金勘定の金額又は期中一括貸倒引当金勘定の金額に相当する金額その他の財務省令で定める事項を記載した書類を納税地の所轄税務署長に提出した場合に限り、適用する。

8　内国法人が、適格合併、適格分割、適格現物出資又は適格現物分配（以下この項及び第11項において「適格組織再編成」という。）を行った場合には、次の各号に掲げる適格組織再編成の区分に応じ当該各号に定める貸倒引当金勘定の金額又は期中個別貸倒引当金勘定の金額若しくは期中一括貸倒引当金勘定の金額は、当該適格組織再編成に係る合併法人、分割承継法人、被現物出資法人又は被現物分配法人（第11項において「合併法人等」という。）に引き継ぐものとする。

一　適格合併又は適格現物分配（残余財産の全部の分配に限る。）　第1項又は第2項の規定により当該適格合併の日の前日又は当該残余財産の確定の日の属する事業年度の所得の金額の計算上損金の額に算入されたこれらの規定に規定する貸倒引当金勘定の

金額

二　適格分割等　第5項又は第6項の規定により当該適格分割等の日の属する事業年度の所得の金額の計算上損金の額に算入された期中個別貸倒引当金勘定の金額又は期中一括貸倒引当金勘定の金額

9　第1項、第2項、第5項及び第6項の規定の適用については、個別評価金銭債権及び一括評価金銭債権には、次に掲げる金銭債権を含まないものとする。

一　第1項第3号に掲げる内国法人（第5項又は第6項の規定を適用する場合にあっては、適格分割等の直前の時を事業年度終了の時とした場合に同号に掲げる内国法人に該当するもの）が有する金銭債権のうち当該内国法人の区分に応じ政令で定める金銭債権以外のもの

二　内国法人が当該内国法人との間に完全支配関係がある他の法人に対して有する金銭債権

10　第1項又は第2項の規定により各事業年度の所得の金額の計算上損金の額に算入されたこれらの規定に規定する貸倒引当金勘定の金額は、当該事業年度の翌事業年度の所得の金額の計算上、益金の額に算入する。

11　第8項の規定により合併法人等が引継ぎを受けた貸倒引当金勘定の金額又は期中個別貸倒引当金勘定の金額若しくは期中一括貸倒引当金勘定の金額は、当該合併法人等の適格組織再編成の日の属する事業年度の所得の金額の計算上、益金の額に算入する。

12　普通法人又は協同組合等が公益法人等に該当することとなる場合の当該普通法人又は協同組合等のその該当することとなる日の前日の属する事業年度については、第1項及び第2項の規定は、適用しない。

13　第3項、第4項及び第7項に定めるもののほか、第1項、第2項、第5項、第6項及び第8項から前項までの規定の適用に関し必要な事項は、政令で定める。

（新株予約権を対価とする費用の帰属事業年度の特例等）

第54条の2　内国法人が個人から役務の提供を受ける場合において、当該役務の提供に係る費用の額につき譲渡制限付新株予約権（譲渡についての制限その他の条件が付されてい

る新株予約権として政令で定めるものをいう。以下この項において同じ。）であって次に掲げる要件に該当するもの（以下この条において「特定新株予約権」という。）が交付されたとき（合併、分割、株式交換又は株式移転（以下この項において「合併等」という。）に際し当該合併等に係る被合併法人、分割法人、株式交換完全子法人又は株式移転完全子法人の当該特定新株予約権を有する者に対し交付される当該合併等に係る合併法人、分割承継法人、株式交換完全親法人又は株式移転完全親法人の譲渡制限付新株予約権（第3項及び第4項において「承継新株予約権」という。）が交付されたときを含む。）は、当該個人において当該役務の提供につき所得税法その他所得税に関する法令の規定により当該個人の同法に規定する給与所得その他の政令で定める所得の金額に係る収入金額とすべき金額又は総収入金額に算入すべき金額を生ずべき事由（次項において「給与等課税事由」という。）が生じた日において当該役務の提供を受けたものとして、この法律の規定を適用する。

一　当該譲渡制限付新株予約権と引換えにする払込みに代えて当該役務の提供の対価として当該個人に生ずる債権をもって相殺されること。

二　前号に掲げるもののほか、当該譲渡制限付新株予約権が実質的に当該役務の提供の対価と認められるものであること。

（有価証券の譲渡益又は譲渡損の益金又は損金算入）

第61条の2　内国法人が有価証券の譲渡をした場合には、その譲渡に係る譲渡利益額（第1号に掲げる金額が第2号に掲げる金額を超える場合におけるその超える部分の金額をいう。）又は譲渡損失額（同号に掲げる金額が第1号に掲げる金額を超える場合におけるその超える部分の金額をいう。）は、第62条から第62条の5まで（合併等による資産の譲渡）の規定の適用がある場合を除き、その譲渡に係る契約をした日（その譲渡が剰余金の配当その他の財務省令で定める事由によるものである場合には、当該剰余金の配当の効力が生ずる日その他の財務省令で定める日）の属する事業年度の所得の金額の計算上、益金

の額又は損金の額に算入する。

一　その有価証券の譲渡の時における有償によるその有価証券の譲渡により通常得べき対価の額（第24条第1項（配当等の額とみなす金額）の規定により第23条第1項第1号又は第2号（受取配当等の益金不算入）に掲げる金額とみなされる金額がある場合には、そのみなされる金額に相当する金額を控除した金額）

二　その有価証券の譲渡に係る原価の額（その有価証券についてその内国法人が選定した一単位当たりの帳簿価額の算出の方法により算出した金額（算出の方法を選定しなかった場合又は選定した方法により算出しなかった場合には、算出の方法のうち政令で定める方法により算出した金額）にその譲渡をした有価証券の数を乗じて計算した金額をいう。）

9　内国法人が、旧株（当該内国法人が有していた株式をいう。以下この項において同じ。）を発行した法人の行った株式交換（当該法人の株主に株式交換完全親法人又は株式交換完全親法人との間に当該株式交換完全親法人の発行済株式等の全部を直接若しくは間接に保有する関係として政令で定める関係がある法人のうちいずれか一の法人の株式以外の資産（当該株主に対する剰余金の配当として交付された金銭その他の資産及び株式交換に反対する当該株主に対するその買取請求に基づく対価として交付される金銭その他の資産を除く。）が交付されなかったものに限る。以下この項及び次項において「金銭等不交付株式交換」という。）により当該株式の交付を受けた場合又は旧株を発行した法人の行った特定無対価株式交換（当該法人の株主に株式交換完全親法人の株式その他の資産が交付されなかった株式交換で、当該法人の株主に対する株式交換完全親法人の株式の交付が省略されたと認められる株式交換として政令で定めるものをいう。以下この項において同じ。）により当該旧株を有しないこととなった場合における第1項の規定の適用については、同項第1号に掲げる金額は、これらの旧株の当該金銭等不交付株式交換又は特定無対価株式交換の直前の帳簿価額に相当する金額とする。

17　内国法人が、所有株式（当該内国法人が有していた株式をいう。）を発行した他の内国法人（当該内国法人との間に完全支配関係があるものに限る。）の第24条第1項各号に掲げる事由（第2項の規定の適用がある合併、第4項に規定する金銭等不交付分割型分割及び第8項に規定する金銭等不交付株式分配を除く。）により金銭その他の資産の交付を受けた場合（当該他の内国法人の同条第1項第2号に掲げる分割型分割、同項第3号に掲げる株式分配、同項第4号に規定する資本の払戻し若しくは解散による残余財産の一部の分配又は口数の定めがない出資についての出資の払戻しに係るものである場合にあっては、その交付を受けた時において当該所有株式を有する場合に限る。）又は当該事由により当該他の内国法人の株式を有しないこととなった場合（当該他の内国法人の残余財産の分配を受けないことが確定した場合を含む。）における第1項の規定の適用については、同項第1号に掲げる金額は、同項第2号に掲げる金額（第4項、第8項、次項又は第19項の規定の適用がある場合には、これらの規定により同号に掲げる金額とされる金額）に相当する金額とする。

第61条の11　内国法人（普通法人又は協同組合等に限る。）がその有する譲渡損益調整資産（固定資産、土地（土地の上に存する権利を含み、固定資産に該当するものを除く。）、有価証券、金銭債権及び繰延資産で政令で定めるもの以外のものをいう。以下この条において同じ。）を他の内国法人（当該内国法人との間に完全支配関係がある普通法人又は協同組合等に限る。）に譲渡した場合には、当該譲渡損益調整資産に係る譲渡利益額（その譲渡に係る収益の額が原価の額を超える場合におけるその超える部分の金額をいう。以下この条において同じ。）又は譲渡損失額（その譲渡に係る原価の額が収益の額を超える場合におけるその超える部分の金額をいう。以下この条において同じ。）に相当する金額は、その譲渡した事業年度（その譲渡が適格合併に該当しない合併による合併法人への移転である場合には、次条第2項に規定する最後事業年度）の所得の金額の計算上、損金の額又は益金の額に算入する。

2　内国法人が譲渡損益調整資産に係る譲渡利益額又は譲渡損失額につき前項の規定の適用

を受けた場合において、その譲渡を受けた法人（以下この条において「譲受法人」という。）において当該譲渡損益調整資産の譲渡、償却、評価換え、貸倒れ、除却その他の政令で定める事由が生じたときは、当該譲渡損益調整資産に係る譲渡利益額又は譲渡損失額に相当する金額は、政令で定めるところにより、当該内国法人の各事業年度（当該譲渡利益額又は譲渡損失額につき次項又は第4項の規定の適用を受ける事業年度以後の事業年度を除く。）の所得の金額の計算上、益金の額又は損金の額に算入する。

7　適格合併に該当しない合併に係る被合併法人が当該合併による譲渡損益調整資産の移転につき第1項の規定の適用を受けた場合には、当該譲渡損益調整資産に係る譲渡利益額に相当する金額は当該合併に係る合併法人の当該譲渡損益調整資産の取得価額に算入しないものとし、当該譲渡損益調整資産に係る譲渡損失額に相当する金額は当該合併法人の当該譲渡損益調整資産の取得価額に算入するものとする。

（合併及び分割による資産等の時価による譲渡）
第62条　内国法人が合併又は分割により合併法人又は分割承継法人にその有する資産又は負債の移転をしたときは、当該合併法人又は分割承継法人に当該移転をした資産及び負債の当該合併又は分割の時の価額による譲渡をしたものとして、当該内国法人の各事業年度の所得の金額を計算する。この場合においては、当該合併又は当該分割（第2条第12号の9イ（定義）に規定する分割対価資産（以下この項において「分割対価資産」という。）の全てが分割法人の株主等に直接に交付される分割型分割及び同号ロに規定する無対価分割に該当する分割型分割で分割法人の株主等に対する分割承継法人の株式（出資を含む。以下この項及び次条第3項において同じ。）の交付が省略されたと認められる分割型分割として政令で定めるものに限る。以下この項において「特定分割型分割」という。）により当該資産又は負債の移転をした当該内国法人（資本又は出資を有しないものを除く。）は、当該合併法人又は当該特定分割型分割に係る分割承継法人から新株等（当該合併法人が当該合併により交付した当該合併法人の株

式その他の資産（第24条第2項（配当等の額とみなす金額）に規定する場合において同項の規定により交付を受けたものとみなされる当該合併法人の株式その他の資産及び同条第3項に規定する場合において同項の規定により交付を受けたものとみなされる当該合併法人の株式を含む。）をいう。）又は当該特定分割型分割に係る分割対価資産（第24条第3項に規定する場合において同項の規定により交付を受けたものとみなされる分割承継法人の株式を含む。）をその時の価額により取得し、直ちに当該新株等又は当該分割対価資産を当該内国法人の株主等に交付したものとする。

2　合併により合併法人に移転をした資産及び負債の当該移転による譲渡に係る譲渡利益額（当該合併の時の価額が当該譲渡に係る原価の額を超える場合におけるその超える部分の金額をいう。）又は譲渡損失額（当該譲渡に係る原価の額が当該合併の時の価額を超える場合におけるその超える部分の金額をいう。）は、当該合併に係る最後事業年度（被合併法人の合併の日の前日の属する事業年度をいう。次条第1項において同じ。）の所得の金額の計算上、益金の額又は損金の額に算入する。

3　前項に規定する原価の額の計算その他前2項の規定の適用に関し必要な事項は、政令で定める。

（適格合併及び適格分割型分割による資産等の帳簿価額による引継ぎ）
第62条の2　内国法人が適格合併により合併法人にその有する資産及び負債の移転をしたときは、前条第1項及び第2項の規定にかかわらず、当該合併法人に当該移転をした資産及び負債の当該適格合併に係る最後事業年度終了の時の帳簿価額として政令で定める金額による引継ぎをしたものとして、当該内国法人の各事業年度の所得の金額を計算する。

2　内国法人が適格分割型分割により分割承継法人にその有する資産又は負債の移転をしたときは、前条第1項の規定にかかわらず、当該分割承継法人に当該移転をした資産及び負債の当該適格分割型分割の直前の帳簿価額による引継ぎをしたものとして、当該内国法人の各事業年度の所得の金額を計算する。

3　前項の場合においては、同項の内国法人が同項の分割承継法人から交付を受けた当該分

割承継法人又は第2条第12号の11（定義）に規定する分割承継親法人の株式の当該交付の時の価額は、同項の適格分割型分割により移転をした資産及び負債の帳簿価額を基礎として政令で定める金額とする。

4　合併法人又は分割承継法人が引継ぎを受ける資産及び負債の価額その他前3項の規定の適用に関し必要な事項は、政令で定める。

（現物分配による資産の譲渡）

第62条の5

3　内国法人が適格現物分配又は適格株式分配により被現物分配法人その他の株主等にその有する資産の移転をしたときは、当該被現物分配法人その他の株主等に当該移転をした資産の当該適格現物分配又は適格株式分配の直前の帳簿価額（当該適格現物分配が残余財産の全部の分配である場合には、その残余財産の確定の時の帳簿価額）による譲渡をしたものとして、当該内国法人の各事業年度の所得の金額を計算する。

4　内国法人が適格現物分配により資産の移転を受けたことにより生ずる収益の額は、その内国法人の各事業年度の所得の金額の計算上、益金の額に算入しない。

6　被現物分配法人の資産の取得価額その他前各項の規定の適用に関し必要な事項は、政令で定める。

（非適格合併等により移転を受ける資産等に係る調整勘定の損金算入等）

第62条の8　内国法人が非適格合併等（適格合併に該当しない合併又は適格分割に該当しない分割、適格現物出資に該当しない現物出資若しくは事業の譲受けのうち、政令で定めるものをいう。以下この条において同じ。）により当該非適格合併等に係る被合併法人、分割法人、現物出資法人その他政令で定める法

人（以下この条において「被合併法人等」という。）から資産又は負債の移転を受けた場合において、当該内国法人が当該非適格合併等により交付した金銭の額及び金銭以外の資産（適格合併に該当しない合併にあっては、第62条第1項（合併及び分割による資産等の時価による譲渡）に規定する新株等）の価額の合計額（当該非適格合併等において当該被合併法人等から支出を受けた第37条第7項（寄附金の損金不算入）に規定する寄附金の額に相当する金額を含み、当該被合併法人等に対して支出をした同項に規定する寄附金の額に相当する金額を除く。第3項において「非適格合併等対価額」という。）が当該移転を受けた資産及び負債の時価純資産価額（当該資産（営業権にあっては、政令で定めるものに限る。以下この項において同じ。）の取得価額（第61条の11第7項（完全支配関係がある法人の間の取引の損益）の規定の適用がある場合には、同項の規定の適用がないものとした場合の取得価額。以下この項において同じ。）の合計額から当該負債の額（次項に規定する負債調整勘定の金額を含む。以下この項において同じ。）の合計額を控除した金額をいう。第3項において同じ。）を超えるときは、その超える部分の金額（当該資産の取得価額の合計額が当該負債の額の合計額に満たない場合には、その満たない部分の金額を加算した金額）のうち政令で定める部分の金額は、資産調整勘定の金額とする。

3　内国法人が非適格合併等により当該非適格合併等に係る被合併法人等から資産又は負債の移転を受けた場合において、当該非適格合併等に係る非適格合併等対価額が当該被合併法人等から移転を受けた資産及び負債の時価純資産価額に満たないときは、その満たない部分の金額は、負債調整勘定の金額とする。

法人税法施行令（抄）

（資本金等の額）

第8条 法第2条第16号（定義）に規定する政令で定める金額は、同号に規定する法人の資本金の額又は出資金の額と、当該事業年度前の各事業年度（以下この項において「過去事業年度」という。）の第1号から第12号までに掲げる金額の合計額から当該法人の過去事業年度の第13号から第22号までに掲げる金額の合計額を減算した金額に、当該法人の当該事業年度開始の日以後の第1号から第12号までに掲げる金額を加算し、これから当該法人の同日以後の第13号から第22号までに掲げる金額を減算した金額との合計額とする。

一　株式（出資を含む。以下第10号までにおいて同じ。）の発行又は自己の株式の譲渡をした場合（次に掲げる場合を除く。）に払い込まれた金銭の額及び給付を受けた金銭以外の資産の価額その他の対価の額に相当する金額からその発行により増加した資本金の額又は出資金の額（法人の設立による株式の発行にあっては、その設立の時における資本金の額又は出資金の額）を減算した金額

イ　役務の提供の対価として自己の株式を交付した場合（その役務の提供後に当該株式を交付した場合及び当該株式と引換えに給付された債権（その役務の提供の対価として生じた債権に限る。）がある場合（次号において「事後交付等の場合」という。）を除く。）

ロ　新株予約権（投資信託及び投資法人に関する法律第2条第17項（定義）に規定する新投資口予約権を含む。以下同じ。）の行使によりその行使をした者に自己の株式を交付した場合

ハ　取得条項付新株予約権（法第61条の2第14項第5号（有価証券の譲渡益又は譲渡損の益金又は損金算入）に規定する取得条項付新株予約権をいう。ハ及び第3号において同じ。）又は取得条項付新株予約権が付された新株予約権付社債の同項第5号に定める事由による取得の対価として自己の株式を交付した場合（同項に規定する場合に該当する場合に限る。）

ニ　合併、分割、適格現物出資、株式交換又は株式移転により被合併法人の株主等、分割法人（法第2条第12号の9イに規定する分割対価資産（以下この項において「分割対価資産」という。）の全てが分割法人の株主等に直接に交付される分割型分割にあっては、当該株主等）、現物出資法人、株式交換完全子法人の株主又は株式移転完全子法人の株主に自己の株式を交付した場合

ホ　適格現物出資に該当しない現物出資（法第62条の8第1項（非適格合併等により移転を受ける資産等に係る調整勘定の損金算入等）に規定する非適格合併等に該当するものに限る。）により現物出資法人に自己の株式を交付した場合

ヘ　適格分社型分割又は適格現物出資により分割承継法人又は被現物出資法人に自己が有していた自己の株式を移転した場合

ト　金銭等不交付株式交換（法第61条の2第9項に規定する金銭等不交付株式交換をいう。第10号において同じ。）又は株式移転（同条第11項に規定する株式移転に限る。）により自己が有していた自己の株式を株式交換完全親法人又は株式移転完全親法人に取得された場合

チ　組織変更（当該組織変更に際して当該法人の株主等に自己の株式のみを交付したものに限る。）により株式を発行した場合

リ　法第61条の2第14項第1号から第3号までに掲げる株式のこれらの号に定める事由による取得の対価として自己の株式を交付した場合（同項に規定する場合に該当する場合に限る。）

ヌ　株主等に対して新たに金銭の払込み又は金銭以外の資産の給付をさせないで自己の株式を交付した場合

二　新株予約権の行使によりその行使をした者に自己の株式を交付した場合のその行使に際して払い込まれた金銭の額及び給付を受けた金銭以外の資産の価額（法第61条の2第14項に規定する場合に該当する場合における当該新株予約権が付された新株予約権付社債についての社債にあっては、当

該法人のその行使の直前の当該社債の帳簿価額）並びに当該法人の当該直前の当該新株予約権の帳簿価額に相当する金額の合計額からその行使に伴う株式の発行により増加した資本金の額を減算した金額

五　合併により移転を受けた資産及び負債の純資産価額（次に掲げる合併の区分に応じそれぞれ次に定める金額をいう。）から当該合併による増加資本金額等（当該合併により増加した資本金の額又は出資金の額（法人を設立する合併にあっては、その設立の時における資本金の額又は出資金の額）並びに当該合併により被合併法人の株主等に交付した金銭並びに当該金銭及び当該法人の株式以外の資産（当該株主等に対する法第2条第12号の8に規定する剰余金の配当等として交付した金銭その他の資産及び合併に反対する当該株主等に対するその買取請求に基づく対価として交付される金銭その他の資産を除く。以下この号において同じ。）の価額の合計額をいい、適格合併（法第61条の2第2項に規定する金銭等不交付合併に限る。）により被合併法人の株主等に法第2条第12号の8に規定する合併親法人の株式（以下この号において「合併親法人株式」という。）を交付した場合にあっては、その交付した合併親法人株式の当該適格合併の直前の帳簿価額とする。）と法第24条第2項（配当等の額とみなす金額）に規定する抱合株式（以下この号において「抱合株式」という。）の当該合併の直前の帳簿価額（法人を設立する合併で適格合併に該当しないものにあっては同項の規定により当該抱合株式に対して交付されたものとみなされる当該法人の株式その他の資産の価額とし、法人を設立する合併以外の合併で適格合併に該当しないものにあっては当該帳簿価額に同項又は同条第3項の規定により当該抱合株式に対して交付されたものとみなされる当該法人の株式その他の資産の価額のうち同条第1項の規定により法第23条第1項第1号又は第2号（受取配当等の益金不算入）に掲げる金額とみなされる金額を加算した金額とする。）とを合計した金額を減算した金額（被合併法人の全て又は当該法人が資本又は出資を有しない法人である場合には、零）

イ　適格合併に該当しない合併（ロに掲げるものを除く。）　当該合併に係る被合併法人の株主等に交付した当該法人の株式、金銭並びに当該株式及び金銭以外の資産並びに法第24条第2項の規定により抱合株式に対して交付されたものとみなされるこれらの資産の価額の合計額

ハ　適格合併　当該適格合併に係る被合併法人の当該適格合併の日の前日の属する事業年度終了の時における資本金等の額に相当する金額

十　株式交換（適格株式交換等に該当しない第4条の3第18項第1号に規定する無対価株式交換で同項第2号に規定する株主均等割合保有関係がないものを除く。）により移転を受けた株式交換完全子法人の株式の取得価額（第119条第1項第10号（有価証券の取得価額）に規定する費用の額が含まれている場合には、当該費用の額を控除した金額）から当該株式交換による増加資本金額等（当該株式交換により増加した資本金の額、当該株式交換により株式交換完全子法人の株主に交付した金銭並びに当該金銭及び当該法人の株式以外の資産（当該株主に対する剰余金の配当として交付した金銭その他の資産を除く。）の価額並びに次に掲げる当該株式交換の区分に応じそれぞれ次に定める金額（当該株式交換に伴い当該法人がイ又はロに規定する当該法人の新株予約権に対応する債権を取得する場合には、その債権の価額を減算した金額）の合計額をいい、適格株式交換等（金銭等不交付株式交換に限る。）により株式交換完全子法人の株主に法第2条第12号の17に規定する株式交換完全支配親法人の株式（以下この号において「株式交換完全支配親法人株式」という。）を交付した場合にあっては、当該定める金額にその交付した株式交換完全支配親法人株式の当該適格株式交換等の直前の帳簿価額を加算した金額とする。）を減算した金額

イ　適格株式交換等に該当する株式交換
当該株式交換完全子法人の当該株式交換により消滅をした新株予約権に代えて当該法人の新株予約権を交付した場合の当該株式交換完全子法人のその消滅の直前のその消滅をした新株予約権の帳簿価額

に相当する金額

十七　現物分配法人の適格株式分配に該当しない株式分配の直前の資本金等の額にイに掲げる金額のうちにロに掲げる金額の占める割合（当該直前の資本金等の額が零以下である場合には零と、当該直前の資本金等の額及びロに掲げる金額が零を超え、かつ、イに掲げる金額が零以下である場合には一とし、当該割合に小数点以下三位未満の端数があるときはこれを切り上げる。）を乗じて計算した金額（当該金額が当該株式分配により当該現物分配法人の株主等に交付した完全子法人株式その他の資産の価額を超える場合には、その超える部分の金額を減算した金額）

イ　当該株式分配を第15号イの分割型分割とみなした場合における同号イに掲げる金額

ロ　当該現物分配法人の当該株式分配の直前の当該株式分配に係る完全子法人株式の帳簿価額に相当する金額（当該金額が零以下である場合には零とし、当該金額がイに掲げる金額を超える場合（イに掲げる金額が零に満たない場合を除く。）にはイに掲げる金額とする。）

二十　法第24条第1項第5号から第7号までに掲げる事由（以下この号において「自己株式の取得等」という。）により金銭その他の資産を交付した場合の取得資本金額（次に掲げる場合の区分に応じそれぞれ次に定める金額をいい、当該金額が当該自己株式の取得等により交付した金銭の額及び金銭以外の資産の価額（適格現物分配に係る資産にあっては、その交付の直前の帳簿価額）の合計額を超える場合には、その超える部分の金額を減算した金額とする。）

イ　当該自己株式の取得等をした法人が一の種類の株式を発行していた法人（口数の定めがない出資を発行する法人を含む。）である場合　当該法人の当該自己株式の取得等の直前の資本金等の額を当該直前の発行済株式又は出資（自己が有する自己の株式を除く。）の総数（出資にあっては、総額）で除し、これに当該自己株式の取得等に係る株式の数（出資にあっては、金額）を乗じて計算した金額（当該直前の資本金等の額が零以下で

ある場合には、零）

ロ　当該自己株式の取得等をした法人が二以上の種類の株式を発行していた法人である場合　当該法人の当該自己株式の取得等の直前の当該自己株式の取得等に係る株式と同一の種類の株式に係る種類資本金額を当該直前の当該種類の株式（当該法人が当該直前に有していた自己の株式を除く。）の総数で除し、これに当該自己株式の取得等に係る当該種類の株式の数を乗じて計算した金額（当該直前の当該種類資本金額が零以下である場合には、零）

二十一　自己の株式の取得（適格合併又は適格分割型分割による被合併法人又は分割法人からの引継ぎを含むものとし、前号に規定する自己株式の取得等（合併による合併法人からの取得、分割型分割に係る分割法人の株主等としての取得、適格分割に該当しない無対価分割による取得で第23条第3項第5号（所有株式に対応する資本金等の額の計算方法等）に掲げる事由による取得に該当しないもの及び法第2条第12号の5の2に規定する現物分配による現物分配法人からの取得を除く。）及び法第61条の2第14項第1号から第3号までに掲げる株式のこれらの号に定める事由による取得で同項に規定する場合に該当するものを除く。以下この号において同じ。）の対価の額に相当する金額（その取得をした自己の株式が次に掲げるものである場合には、それぞれ次に定める金額に相当する金額）

イ　その取得をした自己の株式を有価証券とみなした場合に当該自己の株式が第119条第1項第5号から第9号まで、第26号又は第27号に掲げる有価証券に該当するときにおける当該自己の株式（ロに掲げるものを除く。）　これらの号に定める金額（同項第5号から第9号までに掲げる有価証券に該当する場合にあっては、これらの号に規定する費用の額を除く。）

ロ　適格合併、適格分割、適格現物出資又は適格現物分配により移転を受けた自己の株式　第123条の3第3項（適格合併及び適格分割型分割における合併法人等の資産及び負債の引継価額等）に規定す

る帳簿価額、第123条の4（適格分社型分割における分割承継法人の資産及び負債の取得価額）に規定する帳簿価額、第123条の5（適格現物出資における被現物出資法人の資産及び負債の取得価額）に規定する帳簿価額に相当する金額（同条に規定する費用の額が含まれている場合には、当該費用の額を控除した金額）又は第123条の6第1項（適格現物分配における被現物分配法人の資産の取得価額）に規定する帳簿価額

二十二　当該法人（内国法人に限る。）が法第24条第1項各号に掲げる事由（法第61条の2第2項の規定の適用がある合併、同条第4項に規定する金銭等不交付分割型分割及び同条第8項に規定する金銭等不交付株式分配を除く。以下この号及び第6項において「みなし配当事由」という。）により当該法人との間に完全支配関係がある他の内国法人から金銭その他の資産の交付を受けた場合（法第24条第1項第2号に掲げる分割型分割、同項第3号に掲げる株式分配、同項第4号に規定する資本の払戻し若しくは解散による残余財産の一部の分配又は口数の定めがない出資についての出資の払戻しに係るものである場合にあっては、その交付を受けた時において当該他の内国法人の株式を有する場合に限る。）又は当該みなし配当事由により当該他の内国法人の株式を有しないこととなった場合（当該他の内国法人の残余財産の分配を受けないことが確定した場合を含む。）の当該みなし配当事由に係る同項の規定により法第23条第1項第1号又は第2号に掲げる金額とみなされる金額及び当該みなし配当事由（当該残余財産の分配を受けないことが確定したことを含む。）に係る法第61条の2第17項の規定により同条第1項第1号に掲げる金額とされる金額の合計額から当該金銭の額及び当該資産の価額（適格現物分配に係る資産にあっては、第123条の6第1項の規定により当該資産の取得価額とされる金額）の合計額を減算した金額に相当する金額（当該みなし配当事由が法第24条第1項第1号に掲げる合併である場合の当該合併に係る合併法人にあっては、零）

（利益積立金額）

第9条　法第2条第18号（定義）に規定する政令で定める金額は、同号に規定する法人の当該事業年度前の各事業年度（以下この条において「過去事業年度」という。）の第1号から第7号までに掲げる金額の合計額から当該法人の過去事業年度の第8号から第14号までに掲げる金額の合計額を減算した金額に、当該法人の当該事業年度開始の日以後の第1号から第7号までに掲げる金額を加算し、これから当該法人の同日以後の第8号から第14号までに掲げる金額を減算した金額とする。

一　イからヲまでに掲げる金額の合計額からワからネまでに掲げる金額の合計額を減算した金額（当該金額のうちに当該法人が留保していない金額がある場合には当該留保していない金額を減算した金額とし、公益法人等又は人格のない社団等にあっては収益事業から生じたものに限る。）

ヲ　第136条の3第1項（医療法人の設立に係る資産の受贈益等）に規定する金銭の額又は金銭以外の資産の価額及び同条第2項に規定する利益の額

ワ　欠損金額

二　当該法人を合併法人とする適格合併により当該適格合併に係る被合併法人から移転を受けた資産の当該適格合併の日の前日の属する事業年度終了の時の帳簿価額（当該適格合併に基因して第6号に掲げる金額が生じた場合には、当該金額に相当する金額を含む。）から当該適格合併により当該被合併法人から移転を受けた負債の当該終了の時の帳簿価額並びに当該適格合併に係る前条第1項第5号に掲げる金額、同号に規定する増加資本金額等及び同号に規定する抱合株式の当該適格合併の直前の帳簿価額の合計額を減算した金額（当該法人を合併法人とする適格合併に係る被合併法人が公益法人等である場合には、当該被合併法人の当該適格合併の日の前日の属する事業年度終了の時の利益積立金額に相当する金額）

四　当該法人を被現物分配法人とする適格現物分配により当該適格現物分配に係る現物分配法人から交付を受けた資産の当該適格現物分配の直前の帳簿価額に相当する金額（当該適格現物分配が法第24条第1項第4号から第7号まで（配当等の額とみなす金

額）に掲げる事由に係るものである場合には、当該適格現物分配に係る同項に規定する株式又は出資に対応する部分の金額を除く。）

八　剰余金の配当（株式又は出資に係るものに限るものとし、資本剰余金の額の減少に伴うもの並びに分割型分割によるもの及び株式分配を除く。）若しくは利益の配当（分割型分割によるもの及び株式分配を除く。）若しくは剰余金の分配（出資に係るものに限る。）、投資信託及び投資法人に関する法律第137条（金銭の分配）の金銭の分配（法第23条第1項第2号に規定する出資等減少分配を除く。）又は資産の流動化に関する法律（平成10年法律第105号）第115条第1項（中間配当）に規定する金銭の分配の額として株主等に交付する金銭の額及び金銭以外の資産の価額（適格現物分配に係る資産にあっては、その交付の直前の帳簿価額）の合計額（法第24条第1項の規定により法第23条第1項第1号又は第2号に掲げる金額とみなされる金額を除く。）

十二　前条第1項第18号に規定する資本の払戻し等により交付した金銭の額及び金銭以外の資産の価額（適格現物分配に係る資産にあっては、その交付の直前の帳簿価額）の合計額が当該資本の払戻し等に係る同号に規定する減資資本金額を超える場合におけるその超える部分の金額

十四　前条第1項第20号に規定する合計額が同号に規定する取得資本金額を超える場合におけるその超える部分の金額

（外国子会社の要件等）
第22条の4
2　法第23条の2第1項に規定する政令で定めるところにより計算した金額は、剰余金の配当等の額の100分の5に相当する金額とする。

（所有株式に対応する資本金等の額の計算方法等）
第23条　法第24条第1項（配当等の額とみなす金額）に規定する株式又は出資に対応する部分の金額は、同項に規定する事由の次の各号に掲げる区分に応じ当該各号に定める金額とする。

四　法第24条第1項第4号に掲げる資本の払戻し又は解散による残余財産の分配（次号に掲げるものを除く。イにおいて「払戻し等」という。）　次に掲げる場合の区分に応じそれぞれ次に定める金額

イ　ロに掲げる場合以外の場合　当該払戻し等を行った法人（イにおいて「払戻等法人」という。）の当該払戻し等の直前の払戻等対応資本金額等（当該直前の資本金等の額に(1)に掲げる金額のうちに(2)に掲げる金額の占める割合（当該直前の資本金等の額が零以下である場合には零と、当該直前の資本金等の額が零を超え、かつ、(1)に掲げる金額が零以下である場合又は当該直前の資本金等の額が零を超え、かつ、残余財産の全部の分配を行う場合には一とし、当該割合に小数点以下三位未満の端数があるときはこれを切り上げる。）を乗じて計算した金額（当該払戻し等が法第24条第1項第4号に規定する資本の払戻しである場合において、当該計算した金額が当該払戻し等により減少した資本剰余金の額を超えるときは、その超える部分の金額を控除した金額）をいう。）を当該払戻等法人の当該払戻し等に係る株式の総数で除し、これに同項に規定する内国法人が当該直前に有していた当該払戻等法人の当該払戻し等に係る株式の数を乗じて計算した金額

(1)　当該払戻し等を第2号イの分割型分割とみなした場合における同号イに掲げる金額

(2)　当該資本の払戻しにより減少した資本剰余金の額又は当該解散による残余財産の分配により交付した金銭の額及び金銭以外の資産の価額（適格現物分配に係る資産にあっては、その交付の直前の帳簿価額）の合計額（当該減少した資本剰余金の額又は当該合計額が(1)に掲げる金額を超える場合には、(1)に掲げる金額）

六　法第24条第1項第5号から第7号までに掲げる事由（以下この号において「自己株式の取得等」という。）　次に掲げる場合の区分に応じそれぞれ次に定める金額

イ　当該自己株式の取得等をした法人（以下この号において「取得等法人」とい

う。）が一の種類の株式を発行していた法人（口数の定めがない出資を発行する法人を含む。）である場合　当該取得等法人の当該自己株式の取得等の直前の資本金等の額を当該直前の発行済株式等の総数で除し、これに法第24条第1項に規定する内国法人が当該直前に有していた当該取得等法人の当該自己株式の取得等に係る株式の数を乗じて計算した金額（当該直前の資本金等の額が零以下である場合には、零）

3　法第24条第1項第5号に規定する政令で定める取得は、次に掲げる事由による取得とする。

五　合併又は分割若しくは現物出資（適格分割若しくは適格現物出資又は事業を移転し、かつ、当該事業に係る資産に当該分割若しくは現物出資に係る分割承継法人若しくは被現物出資法人の株式が含まれている場合の当該分割若しくは現物出資に限る。）による被合併法人又は分割法人若しくは現物出資法人からの移転

（譲渡制限付新株予約権の範囲等）

第111条の3　法第54条の2第1項（新株予約権を対価とする費用の帰属事業年度の特例等）に規定する政令で定める新株予約権は、所得税法施行令第84条第3項（譲渡制限付株式の価額等）に規定する権利の譲渡についての制限その他特別の条件が付されているものとする。

（有価証券の取得価額）

第119条　内国法人が有価証券の取得をした場合には、その取得価額は、次の各号に掲げる有価証券の区分に応じ当該各号に定める金額とする。

二　金銭の払込み又は金銭以外の資産の給付により取得をした有価証券（第4号又は第20号に掲げる有価証券に該当するもの及び適格現物出資により取得をしたものを除く。）　その払込みをした金銭の額及び給付をした金銭以外の資産の価額の合計額（新株予約権の行使により取得をした有価証券にあっては当該新株予約権の当該行使の直前の帳簿価額を含み、その払込み又は給付による取得のために要した費用がある場合

にはその費用の額を加算した金額とする。）

四　有価証券と引換えに払込みをした金銭の額及び給付をした金銭以外の資産の価額の合計額が払い込むべき金銭の額又は給付すべき金銭以外の資産の価額を定める時におけるその有価証券の取得のために通常要する価額に比して有利な金額である場合における当該払込み又は当該給付（以下この号において「払込み等」という。）により取得をした有価証券（新たな払込み等をせずに取得をした有価証券を含むものとし、法人の株主等が当該株主等として金銭その他の資産の払込み等又は株式等無償交付により取得をした当該法人の株式又は新株予約権（当該法人の他の株主等に損害を及ぼすおそれがないと認められる場合における当該株式又は新株予約権に限る。）、第20号に掲げる有価証券に該当するもの及び適格現物出資により取得をしたものを除く。）　その取得の時におけるその有価証券の取得のために通常要する価額

九　株式交換（法第61条の2第9項に規定する金銭等不交付株式交換に限る。）により交付を受けた当該株式交換に係る株式交換完全親法人又は同項に規定する政令で定める関係がある法人（以下この号において「親法人」という。）の株式　当該株式交換に係る株式交換完全子法人の株式の当該株式交換の直前の帳簿価額に相当する金額（当該株式交換完全親法人又は親法人の株式の交付を受けるために要した費用がある場合には、その費用の額を加算した金額）

十　適格株式交換等（法第61条の2第9項に規定する金銭等不交付株式交換に限るものとし、適格株式交換等に該当しない前号に規定する株式交換（第4条の3第18項第1号（適格組織再編成における株式の保有関係等）に規定する無対価株式交換にあっては、同項第2号に規定する株主均等割合保有関係があるものに限る。）で当該株式交換の直前に当該株式交換に係る株式交換完全親法人と株式交換完全子法人との間に完全支配関係があった場合における当該株式交換を含む。以下この号において同じ。）により取得をした当該適格株式交換等に係る株式交換完全子法人の株式　次に掲げる場合の区分に応じそれぞれ次に定める金額

イ　当該適格株式交換等の直前において株主の数が50人未満である株式交換完全子法人の株式の取得をした場合　当該株式交換完全子法人の株主が有していた当該株式交換完全子法人の株式の当該適格株式交換等の直前の帳簿価額（当該株主が公益法人等又は人格のない社団等であり、かつ、当該株式交換完全子法人の株式がその収益事業以外の事業に属するものであった場合には当該株式交換完全子法人の株式の価額として当該内国法人の帳簿に記載された金額とし、当該株主が個人である場合には当該個人が有していた当該株式交換完全子法人の株式の当該適格株式交換等の直前の取得価額とする。）に相当する金額の合計額（当該株式交換完全子法人の株式の取得をするために要した費用がある場合には、その費用の額を加算した金額）

二十七　前各号に掲げる有価証券以外の有価証券　その取得の時におけるその有価証券の取得のために通常要する価額

（移動平均法を適用する有価証券について評価換え等があった場合の一単位当たりの帳簿価額の算出の特例）

第119条の3

7　前項及びこの項において、次の各号に掲げる用語の意義は、当該各号に定めるところによる。

一　通算完全支配関係発生日　前項の他の通算法人が当該他の通算法人に係る通算親法人との間に通算完全支配関係を有することとなった日をいう。

二　対象株式　第119条第1項（有価証券の取得価額）の規定の適用がある同項第1号又は第27号に掲げる有価証券に該当する株式（合併、分割、法第2条第12号の5の2（定義）に規定する現物分配、株式交換又は株式移転（以下この号において「組織再編成」という。）により当該組織再編成に係る被合併法人の株主等、分割法人若しくはその株主等、被現物分配法人、株式交換完全子法人の株主又は株式移転完全子法人の株主が交付を受けたものを除く。）をいう。

三　資産調整勘定対応金額　前項の他の通算法人の対象株式の取得の時において、当該他の通算法人を被合併法人とし、その取得をした法人を合併法人とし、その取得に係る対象株式の取得価額を当該対象株式の数又は金額で除し、これに当該他の通算法人のその取得の時における発行済株式等の総数又は総額を乗じて計算した金額に相当する金額を法第62条の8第1項に規定する非適格合併等対価額とする非適格合併（適格合併に該当しない合併をいう。次号において同じ。）が行われたものとみなして同項の規定を適用する場合に同項に規定する資産調整勘定の金額として計算される金額（その取得の時において当該他の通算法人が次に掲げる資産又は負債を有する場合には、次に定める金額の合計額（当該合計額が零に満たない場合には、その満たない部分の金額）を同項に規定する資産の取得価額の合計額（当該満たない場合には、同項に規定する負債の額の合計額）に加算するものとした場合の当該計算される金額）に当該総数又は総額のうちに当該数又は金額の占める割合を乗じて計算した金額（その取得の時から通算完全支配関係発生日の前日までの間に当該他の通算法人を同項に規定する被合併法人等とする同項に規定する非適格合併等が行われた場合には、零）をいう。

イ　法第62条の8第1項に規定する資産調整勘定の金額又は同条第2項若しくは第3項に規定する負債調整勘定の金額に係る資産又は負債　当該資産調整勘定の金額から当該負債調整勘定の金額を減算した金額

ロ　営業権（第123条の10第3項（非適格合併等により移転を受ける資産等に係る調整勘定の損金算入等）に規定する独立取引営業権を除く。）　当該営業権の帳簿価額

四　負債調整勘定対応金額　前項の他の通算法人の対象株式の取得の時において、当該他の通算法人を被合併法人とし、その取得をした法人を合併法人とし、その取得に係る対象株式の取得価額を当該対象株式の数又は金額で除し、これに当該他の通算法人のその取得の時における発行済株式等の総数又は総額を乗じて計算した金額に相当す

る金額を法第62条の8第1項に規定する非
適格合併等対価額とする非適格合併が行わ
れたものとみなして同条第3項の規定を適
用する場合に同項に規定する負債調整勘定
の金額として計算される金額（その取得の
時において当該他の通算法人が前号イ又は
ロに掲げる資産又は負債を有する場合に
は、同号イ及びロに定める金額の合計額
（当該合計額が零に満たない場合には、そ
の満たない部分の金額）を同条第1項に規
定する資産の取得価額の合計額（当該満た
ない場合には、同項に規定する負債の額の
合計額）に加算するものとした場合の当該
計算される金額）に当該総数又は総額のう
ちに当該数又は金額の占める割合を乗じて
計算した金額（その取得の時から通算完全
支配関係発生日の前日までの間に当該他の
通算法人を同条第1項に規定する被合併法
人等とする同項に規定する非適格合併等が
行われた場合には、零）をいう。

五　通算内適格合併　前項の通算終了事由が
生じた時前に行われた適格合併のうち、そ
の適格合併の直前の時において同項の他の
通算法人に係る通算親法人との間に通算完
全支配関係がある法人を被合併法人及び合
併法人とするもの並びに当該通算親法人と
の間に通算完全支配関係がある法人のみを
被合併法人とする合併で法人を設立するも
のをいう。

六　被合併法人調整勘定対応金額　通算内適
格合併に係る被合併法人の株式につき前項
の規定の適用を受けた場合におけるその適
用に係る同項第2号に掲げる金額に相当す
る金額をいう。

第122条の12　法第61条の11第1項（完全支
配関係がある法人の間の取引の損益）に規定
する政令で定めるものは、次に掲げる資産と
する。

一　法第61条の3第1項第1号（売買目的有
価証券の評価益又は評価損の益金又は損金
算入等）に規定する売買目的有価証券（次
号及び第4項第6号において「売買目的有
価証券」という。）

二　その譲渡を受けた他の内国法人（法第61
条の11第1項の内国法人との間に完全支配
関係があるものに限る。以下この条におい

て同じ。）において売買目的有価証券とさ
れる有価証券（前号又は次号に掲げるもの
を除く。）

三　その譲渡の直前の帳簿価額（その譲渡し
た資産を財務省令で定める単位に区分した
後のそれぞれの資産の帳簿価額とする。）
が1,000万円に満たない資産（第1号に掲
げるもの及び法第61条の11第1項の内国
法人が通算法人である場合における同条第
八項に規定する他の通算法人の株式又は出
資（当該他の通算法人以外の通算法人に譲
渡されたものに限る。第17項及び第19項
において「通算法人株式」という。）を除
く。）

2　法第61条の11第1項の内国法人が同項に
規定する譲渡損益調整資産（以下この条にお
いて「譲渡損益調整資産」という。）を同項
に規定する他の内国法人に譲渡した場合にお
いて、その譲渡につき法第61条の2第1項
（有価証券の譲渡益又は譲渡損の益金又は損
金算入）の規定の適用があるときは同項第1
号に掲げる金額（同条第6項、第7項、第9
項から第11項まで、第14項又は第17項の規
定の適用がある場合には、これらの規定によ
り同号に掲げる金額とされる金額）を、その
譲渡につき法第62条（合併及び分割による
資産等の時価による譲渡）又は第62条の3か
ら第62条の5まで（適格分社型分割等による
資産の譲渡）の規定の適用があるときはこれ
らの規定によりその譲渡に係る収益の額とさ
れる金額を、それぞれ法第61条の11第1項
に規定する収益の額として、同項の規定を適
用する。

3　法第61条の11第1項の内国法人が同項に
規定する譲渡損益調整資産を同項に規定する
他の内国法人に譲渡した場合において、その
譲渡につき法第50条（交換により取得した
資産の圧縮額の損金算入）又は租税特別措置
法第64条から第65条の5の2まで若しくは
第65条の7から第65条の10まで（収用等に
伴い代替資産を取得した場合の課税の特例
等）の規定によりその譲渡した事業年度の所
得の金額の計算上損金の額に算入される金額
（同法第65条の6（資産の譲渡に係る特別控
除額の特例）の規定により損金の額に算入さ
れない金額がある場合には、当該金額を控除
した金額。以下この項において「損金算入

額」という。）があるときは、当該譲渡損益調整資産に係る法第61条の11第1項に規定する譲渡利益額（以下この条において「譲渡利益額」という。）は、当該損金算入額を控除した金額とする。

4　法第61条の11第2項に規定する政令で定める事由は、次の各号に掲げる事由（同条第6項の規定の適用があるものを除く。）とし、内国法人が譲渡損益調整資産に係る譲渡利益額又は譲渡損失額（同条第1項に規定する譲渡損失額をいう。以下この条において同じ。）につき法第61条の11第1項の規定の適用を受けた場合において、当該譲渡損益調整資産に係る譲受法人（同条第2項に規定する譲受法人をいう。以下この条において同じ。）において当該事由が生じたときは、当該各号に掲げる事由の区分に応じ当該各号に定める金額（当該各号に定める金額と当該譲渡利益額又は譲渡損失額に係る調整済額とを合計した金額が当該譲渡利益額又は譲渡損失額に相当する金額を超える場合には、その超える部分の金額を控除した金額）は、当該事由が生じた日の属する当該譲受法人の事業年度終了の日の属する当該内国法人の事業年度（当該譲渡損益調整資産につき法第61条の11第3項又は第4項の規定の適用を受ける事業年度以後の事業年度を除く。）の所得の金額の計算上、益金の額又は損金の額に算入する。

一　次に掲げる事由　当該譲渡利益額又は譲渡損失額に相当する金額
　イ　当該譲渡損益調整資産の譲渡、貸倒れ、除却その他これらに類する事由（次号から第8号までに掲げる事由を除く。）
　ロ　当該譲渡損益調整資産の適格分割型分割による分割承継法人への移転
　ハ　普通法人又は協同組合等である当該譲受法人が公益法人等に該当することとなったこと。
二　当該譲渡損益調整資産が譲受法人において、法第25条第2項（資産の評価益）に規定する評価換えによりその帳簿価額を増額され、その増額された部分の金額が益金の額に算入されたこと又は同条第3項に規定する資産に該当し、当該譲渡損益調整資産の同項に規定する評価益の額として政令で定める金額が益金の額に算入されたこと　当該譲渡利益額又は譲渡損失額に相当する

金額
三　当該譲渡損益調整資産が譲受法人において減価償却資産に該当し、その償却費が損金の額に算入されたこと　当該譲渡利益額又は譲渡損失額に相当する金額に、当該譲受法人における当該譲渡損益調整資産の取得価額のうちに当該損金の額に算入された金額の占める割合を乗じて計算した金額
四　当該譲渡損益調整資産が譲受法人において繰延資産に該当し、その償却費が損金の額に算入されたこと　当該譲渡利益額又は譲渡損失額に相当する金額に、当該譲受法人における当該譲渡損益調整資産の額のうちに当該損金の額に算入された金額の占める割合を乗じて計算した金額
五　当該譲渡損益調整資産が譲受法人において、法第33条第2項（資産の評価損）に規定する評価換えによりその帳簿価額を減額され、当該譲渡損益調整資産の同項に規定する差額に達するまでの金額が損金の額に算入されたこと、同条第3項に規定する評価換えによりその帳簿価額を減額され、その減額された部分の金額が損金の額に算入されたこと又は同条第4項に規定する資産に該当し、当該譲渡損益調整資産の同項に規定する評価損の額として政令で定める金額が損金の額に算入されたこと　当該譲渡利益額又は譲渡損失額に相当する金額
六　有価証券である当該譲渡損益調整資産と銘柄を同じくする有価証券（売買目的有価証券を除く。）の譲渡（当該譲受法人が取得した当該銘柄を同じくする有価証券である譲渡損益調整資産の数に達するまでの譲渡に限る。）　当該譲渡利益額又は譲渡損失額に相当する金額のうちその譲渡をした数に対応する部分の金額
七　当該譲渡損益調整資産が譲受法人において第119条の14（償還有価証券の帳簿価額の調整）に規定する償還有価証券（以下この号において「償還有価証券」という。）に該当し、当該譲渡損益調整資産につき第139条の2第1項（償還有価証券の調整差益又は調整差損の益金又は損金算入）に規定する調整差益又は調整差損が益金の額又は損金の額に算入されたこと　当該譲渡利益額又は譲渡損失額に相当する金額（既にこの号に掲げる事由が生じたことによる調

整済額がある場合には、当該調整済額を控除した金額）に、当該内国法人の当該事業年度開始の日から当該償還有価証券の償還日までの期間の日数のうちに当該内国法人の当該事業年度の日数の占める割合を乗じて計算した金額

八　当該譲渡損益調整資産が譲受法人において法第64条の11第1項（通算制度の開始に伴う資産の時価評価損益）に規定する時価評価資産、同条第2項に規定する株式若しくは出資、法第64条の12第1項（通算制度への加入に伴う資産の時価評価損益）に規定する時価評価資産、同条第2項に規定する株式若しくは出資又は法第64条の13第1項（通算制度からの離脱等に伴う資産の時価評価損益）に規定する時価評価資産に該当し、当該譲渡損益調整資産につきこれらの規定に規定する評価益の額又は評価損の額が益金の額又は損金の額に算入されたこと　当該譲渡利益額又は譲渡損失額に相当する金額

5　前項に規定する調整済額とは、同項の譲渡損益調整資産に係る譲渡利益額又は譲渡損失額に相当する金額につき、既に同項の内国法人の各事業年度の所得の金額の計算上益金の額又は損金の額に算入された金額の合計額をいう。

6　内国法人が譲渡をした譲渡損益調整資産に係る譲渡利益額又は譲渡損失額につき法第61条の11第1項の規定の適用を受けた場合において、当該譲渡損益調整資産が譲受法人において減価償却資産又は繰延資産（第14条第1項第6号（繰延資産の範囲）に掲げるものに限る。第2号において同じ。）に該当する場合には、当該譲渡損益調整資産の次の各号に掲げる区分に応じ当該各号に定める金額を第4項第3号又は第4号に定める金額とみなして、同項（第3号及び第4号に係る部分に限る。）の規定を適用する。

一　減価償却資産　当該譲渡利益額又は譲渡損失額に相当する金額にイに掲げる月数をロに掲げる数で除して得た割合を乗じて計算した金額

イ　当該内国法人の当該事業年度開始の日からその終了の日までの期間（当該譲渡の日（法第61条の11第5項の規定により同項に規定する適格合併に係る合併法

人を当該譲渡損益調整資産に係る譲渡利益額又は譲渡損失額につき同条第1項の規定の適用を受けた法人とみなして同条の規定を適用する場合において、当該適格合併に係る被合併法人が当該譲渡損益調整資産につきこの項の規定の適用を受けていたときにおける当該合併法人の当該適格合併の日の属する事業年度の当該譲渡損益調整資産については、当該適格合併の日。次号イにおいて同じ。）の前日までの期間を除く。）の月数

ロ　当該譲受法人が当該譲渡損益調整資産について適用する耐用年数に12を乗じて得た数

二　繰延資産　当該譲渡利益額又は譲渡損失額に相当する金額にイに掲げる月数をロに掲げる月数で除して得た割合を乗じて計算した金額

イ　当該内国法人の当該事業年度開始の日からその終了の日までの期間（当該譲渡の日の前日までの期間を除く。）の月数

ロ　当該繰延資産となった費用の支出の効果の及ぶ期間の月数

7　前項の月数は、暦に従って計算し、一月に満たない端数を生じたときは、これを一月とする。

8　第6項の規定は、同項の譲渡損益調整資産の譲渡の日の属する事業年度の確定申告書に同項の規定の適用を受けて第4項の規定により益金の額又は損金の額に算入する金額及びその計算に関する明細の記載がある場合に限り、適用する。

9　税務署長は、前項の記載がない確定申告書の提出があった場合においても、その記載がなかったことについてやむを得ない事情があると認めるときは、第6項の規定を適用することができる。

10　内国法人が第4項の規定を適用する場合には、同項各号に掲げる事由は、譲受法人において同項第1号に掲げる事由が生じた日の属する当該譲受法人の事業年度終了の日、譲受法人において同項第2号から第5号まで、第7号若しくは第8号に規定する益金の額若しくは損金の額に算入された事業年度終了の日又は同項第6号の譲渡の日の属する譲受法人の事業年度終了の日に生じたものとする。

11　法第61条の11第4項に規定する政令で定

めるものは、次に掲げるものとする。

一　譲渡損益調整資産に係る譲渡利益額又は譲渡損失額から当該譲渡損益調整資産に係る第5項に規定する調整済額を控除した金額が1,000万円に満たない場合における当該譲渡損益調整資産

二　次に掲げる法人の区分に応じそれぞれ次に定める譲渡損益調整額に係る譲渡損益調整資産

　　イ　法第64条の11第1項に規定する内国法人（同項に規定する親法人を除く。）第131条の13第2項第2号ロ（時価評価資産等の範囲）に掲げる譲渡損益調整額

　　ロ　法第64条の12第1項に規定する他の内国法人　第131条の13第3項第2号ロに掲げる譲渡損益調整額

12　法第61条の11第4項第3号に規定する政令で定める事由は、第4項第1号、第2号、第5号、第6号及び第8号に掲げる事由（同条第6項の規定の適用があるものを除く。）とする。

13　法第61条の11第5項の規定により同項の適格合併に係る合併法人を譲渡損益調整資産に係る譲渡利益額又は譲渡損失額につき同条第1項の規定の適用を受けた法人とみなして同条の規定を適用する場合には、同条第3項又は第4項に規定する益金の額又は損金の額に算入された金額には、当該譲渡損益調整資産に係る譲渡利益額又は譲渡損失額に相当する金額で当該適格合併に係る被合併法人の当該適格合併の日の前日の属する事業年度以前の各事業年度の所得の金額の計算上益金の額又は損金の額に算入された金額を含むものとする。

14　内国法人が譲渡損益調整資産に係る譲渡利益額又は譲渡損失額につき法第61条の11第1項の規定の適用を受けた場合（当該譲渡損益調整資産の適格合併に該当しない合併による合併法人への移転により同項の規定の適用を受けた場合を除く。）には、当該内国法人の負債又は資産には、当該譲渡利益額又は譲渡損失額（同条第8項の規定の適用があるもの及び第5項に規定する調整済額を除く。）に相当する調整勘定を含むものとし、内国法人を被合併法人とする適格合併につき同条第5項の規定の適用があるときは、当該適格合併により合併法人に引き継がれる負債又は資

産には、同項の規定により当該合併法人が譲渡利益額又は譲渡損失額につき同条第1項の規定の適用を受けたものとみなされる場合の当該譲渡利益額又は譲渡損失額（当該内国法人における第5項に規定する調整済額を除く。）に相当する調整勘定を含むものとする。

15　適格分割型分割に該当しない分割型分割に係る分割承継法人により法第2条第12号の9イ（定義）に規定する分割対価資産が交付された場合には、当該分割承継法人から当該分割型分割に係る分割法人の株主等に対して当該分割対価資産が譲渡されたものとみなして、法第61条の11第1項の規定を適用する。

16　法第61条の11第8項に規定する政令で定める法人は、第24条の3（資産の評価益の計上ができない株式の発行法人等から除外される通算法人）に規定する初年度離脱通算子法人とする。

17　内国法人（普通法人又は協同組合等に限る。）がその有する固定資産、土地（土地の上に存する権利を含み、固定資産に該当するものを除く。）、有価証券、金銭債権及び繰延資産（第1項第1号又は第3号に掲げるものを除く。以下この項において「譲渡損益調整資産該当資産」という。）を他の内国法人（当該内国法人との間に完全支配関係がある普通法人又は協同組合等に限る。）に譲渡した場合（その譲渡した資産が通算法人株式である場合を除く。）には、その譲渡の後遅滞なく、当該他の内国法人に対し、その譲渡した資産が譲渡損益調整資産該当資産である旨（当該資産につき第6項の規定の適用を受けようとする場合には、その旨を含む。）を通知しなければならない。

18　前項の通知を受けた同項の他の内国法人（適格合併に該当しない合併により同項の資産の移転を受けたものを除く。）は、次の各号に掲げる場合の区分に応じ当該各号に掲げる事項を、当該通知を受けた後遅滞なく、当該通知をした内国法人（当該内国法人が法第61条の11第5項に規定する適格合併により解散した後は、当該適格合併に係る合併法人）に通知しなければならない。

一　前項の通知に係る資産が第1項第2号に掲げる資産に該当する場合　その旨

二　前項の通知に係る資産が当該他の内国法人において減価償却資産又は第6項に規定

する繰延資産に該当する場合において、当該資産につき同項の規定の適用を受けようとする旨の通知を受けたとき　当該資産について適用する耐用年数又は当該資産の支出の効果の及ぶ期間

19　譲受法人は、譲渡損益調整資産（通算法人株式を除く。以下この項において同じ。）につき第4項各号に掲げる事由（当該譲渡損益調整資産につき第6項の規定の適用を受けようとする旨の通知を受けていた場合には、第4項第3号又は第4号に掲げる事由を除く。）が生じたときは、その旨（当該事由が同項第3号又は第4号に掲げる事由である場合にあっては、損金の額に算入されたこれらの号の償却費の額を含む。）及びその生じた日を、当該事由が生じた事業年度終了後遅滞なく、その譲渡損益調整資産の譲渡をした内国法人（当該内国法人が法第61条の11第5項に規定する適格合併により解散した後は、当該適格合併に係る合併法人）に通知しなければならない。

（適格合併及び適格分割型分割における合併法人等の資産及び負債の引継価額等）
第123条の3
3　内国法人が適格合併又は適格分割型分割により被合併法人又は分割法人から資産又は負債の移転を受けた場合には、当該移転を受けた資産及び負債の法第62条の2第1項又は第2項に規定する帳簿価額（当該資産又は負債が当該被合併法人（公益法人等に限る。）の収益事業以外の事業に属する資産又は負債であった場合には、当該移転を受けた資産及び負債の価額として当該内国法人の帳簿に記載された金額）による引継ぎを受けたものとする。

（適格現物分配における被現物分配法人の資産の取得価額）
第123条の6　内国法人が適格現物分配により現物分配法人から資産の移転を受けた場合には、当該資産の取得価額は、法第62条の5第3項（現物分配による資産の譲渡）に規定する帳簿価額に相当する金額とする。

法人税法施行規則（抄）

（確定申告書の添付書類）

第35条 法第74条第3項（確定申告）に規定する財務省令で定める書類は、次の各号に掲げるもの（当該各号に掲げるものが電磁的記録で作成され、又は当該各号に掲げるものの作成に代えて当該各号に掲げるものに記載すべき情報を記録した電磁的記録の作成がされている場合には、これらの電磁的記録に記録された情報の内容を記載した書類）とする。

五　当該内国法人の事業等の概況に関する書類（当該内国法人との間に完全支配関係がある法人との関係を系統的に示した図を含

む。）

六　組織再編成（合併、分割、現物出資（新株予約権付社債に付された新株予約権の行使に伴う当該新株予約権付社債についての社債の給付を除く。）、法第2条第12号の5の2（定義）に規定する現物分配（次号において「現物分配」という。）、株式交換又は株式移転をいう。次号において同じ。）に係る合併契約書、分割契約書、分割計画書、株式交換契約書、株式移転計画書、株式交付計画書その他これらに類するものの写し

租税特別措置法（抄）

第66条の2 法人が、その有する株式（以下この項において「所有株式」という。）を発行した他の法人を会社法第774条の3第1項第1号に規定する株式交付子会社とする株式交付により当該所有株式を譲渡し、当該株式交付に係る株式交付親会社（同号に規定する株式交付親会社をいう。以下この条において同じ。）の株式の交付を受けた場合（当該株式交付により交付を受けた当該株式交付親会社の株式の価額が当該株式交付により交付を受けた金銭の額及び金銭以外の資産の価額の合計額のうちに占める割合が100分の80に満たない場合を除く。）における法人税法第61条の2第1項の規定の適用については、同項第1号に掲げる金額は、当該所有株式の当該株式交付の直前の帳簿価額に相当する金額に株式交付割合（当該株式交付により交付を受けた当該株式交付親会社の株式の価額が当該株

式交付により交付を受けた金銭の額及び金銭以外の資産の価額の合計額（剰余金の配当として交付を受けた金銭の額及び金銭以外の資産の価額の合計額を除く。）のうちに占める割合をいう。）を乗じて計算した金額と当該株式交付により交付を受けた金銭の額及び金銭以外の資産の価額の合計額（当該株式交付親会社の株式の価額並びに剰余金の配当として交付を受けた金銭の額及び金銭以外の資産の価額の合計額を除く。）とを合計した金額とする。

2　前項の法人が外国法人である場合における同項の規定の適用に関する事項、同項の交付を受けた株式交付親会社の株式の取得価額その他同項の規定の適用がある場合における法人税に関する法令の規定の適用に関し必要な事項は、政令で定める。

令和3年改正措法附則（抄）

（株式等を対価とする株式の譲渡に係る所得の計算の特例に関する経過措置）

第53条 新租税特別措置法第66条の2の2の

規定は、施行日以後に行われる同条第1項に規定する株式交付について適用する。

租税特別措置法施行令（抄）

第39条の10の2

3　法第66条の2第1項の規定の適用がある場合におけるその適用に係る法人に対する法人税法その他法人税に関する法令の規定の適用については、次に定めるところによる。

一　法第66条の2第1項の規定の適用がある株式交付により交付を受けた当該株式交付に係る株式交付親会社の株式の取得価額は、法人税法施行令第119条第1項の規定にかかわらず、当該株式交付により譲渡した所有株式（次号及び第3号において「譲渡株式」という。）のその譲渡の直前の帳簿価額に当該株式交付に係る法第66条の2第1項に規定する株式交付割合を乗じて計算した金額（当該株式交付親会社の株式の交付を受けるために要した費用がある場合には、その費用の額を加算した金額）とする。

4　株式交付親会社が株式交付により当該株式交付に係る株式交付子会社（法第66条の2第1項に規定する株式交付子会社をいう。以下この項において同じ。）の株式を取得した場合（当該株式交付により当該株式交付子会社の株主に交付した自己の株式の価額が当該株式交付により当該株主に交付した金銭の額及び金銭以外の資産の価額の合計額のうちに占める割合が100分の80に満たない場合を除く。）における法人税法その他法人税に関する法令の規定の適用については、次に定めるところによる。

二　当該株式交付により当該株式交付子会社の株主に当該株式交付親会社の株式以外の資産を交付した場合には、当該株式交付により当該株主から取得した当該株式交付子会社の株式の取得価額は、法人税法施行令第119条第1項及び前号の規定にかかわらず、次に掲げる金額の合計額（当該株式の取得をするために要した費用がある場合には、その費用の額を加算した金額）とする。

イ　前号イ又はロに掲げる場合の区分に応じそれぞれ同号イ又はロに定める金額に株式交付割合（当該株式交付により当該株主に交付した当該株式交付親会社の株式の価額が当該株式交付により当該株主に交付した金銭の額及び金銭以外の資産の価額の合計額（剰余金の配当として交付した金銭の額及び金銭以外の資産の価額の合計額を除く。）のうちに占める割合をいう。）を乗じて計算した金額

ロ　当該株式交付により当該株主に交付した金銭の額及び金銭以外の資産の価額の合計額（当該株式交付親会社の株式の価額並びに剰余金の配当として交付した金銭の額及び金銭以外の資産の価額の合計額を除く。）

三　当該株式交付による当該株式交付親会社の株式の交付に係る法人税法施行令第8条第1項第1号に掲げる金額は、当該株式交付により移転を受けた当該株式交付子会社の株式の取得価額（当該株式の取得をするために要した費用の額が含まれている場合には、当該費用の額を控除した金額）から当該株式交付に係る増加資本金額等（当該株式交付により増加した資本金の額及び前号ロに掲げる金額をいう。）を減算した金額とする。

会社法（抄）

（定義）

第2条 この法律において、次の各号に掲げる用語の意義は、当該各号に定めるところによる。

　三十一　株式交換　株式会社がその発行済株式（株式会社が発行している株式をいう。以下同じ。）の全部を他の株式会社又は合同会社に取得させることをいう。

　三十二の二　株式交付　株式会社が他の株式会社をその子会社（法務省令で定めるものに限る。第774条の3第2項において同じ。）とするために当該他の株式会社の株式を譲り受け、当該株式の譲渡人に対して当該株式の対価として当該株式会社の株式を交付することをいう。

（募集事項の決定）

第199条 株式会社は、その発行する株式又はその処分する自己株式を引き受ける者の募集をしようとするときは、その都度、募集株式（当該募集に応じてこれらの株式の引受けの申込みをした者に対して割り当てる株式をいう。以下この節において同じ。）について次に掲げる事項を定めなければならない。

　一　募集株式の数（種類株式発行会社にあっては、募集株式の種類及び数。以下この節において同じ。）

　二　募集株式の払込金額（募集株式一株と引換えに払い込む金銭又は給付する金銭以外の財産の額をいう。以下この節において同じ。）又はその算定方法

　三　金銭以外の財産を出資の目的とするときは、その旨並びに当該財産の内容及び価額

　四　募集株式と引換えにする金銭の払込み又は前号の財産の給付の期日又はその期間

　五　株式を発行するときは、増加する資本金及び資本準備金に関する事項

2　前項各号に掲げる事項（以下この節において「募集事項」という。）の決定は、株主総会の決議によらなければならない。

3　第1項第2号の払込金額が募集株式を引き受ける者に特に有利な金額である場合には、取締役は、前項の株主総会において、当該払込金額でその者の募集をすることを必要とす

る理由を説明しなければならない。

4　種類株式発行会社において、第1項第1号の募集株式の種類が譲渡制限株式であるときは、当該種類の株式に関する募集事項の決定は、当該種類の株式を引き受ける者の募集について当該種類の株式の種類株主を構成員とする種類株主総会の決議を要しない旨の定款の定めがある場合を除き、当該種類株主総会の決議がなければ、その効力を生じない。ただし、当該種類株主総会において議決権を行使することができる種類株主が存しない場合は、この限りでない。

5　募集事項は、第1項の募集ごとに、均等に定めなければならない。

（資本金の額及び準備金の額）

第445条 株式会社の資本金の額は、この法律に別段の定めがある場合を除き、設立又は株式の発行に際して株主となる者が当該株式会社に対して払込み又は給付をした財産の額とする。

2　前項の払込み又は給付に係る額の2分の1を超えない額は、資本金として計上しないことができる。

3　前項の規定により資本金として計上しないこととした額は、資本準備金として計上しなければならない。

4　剰余金の配当をする場合には、株式会社は、法務省令で定めるところにより、当該剰余金の配当により減少する剰余金の額に10分の1を乗じて得た額を資本準備金又は利益準備金（以下「準備金」と総称する。）として計上しなければならない。

5　合併、吸収分割、新設分割、株式交換、株式移転又は株式交付に際して資本金又は準備金として計上すべき額については、法務省令で定める。

6　定款又は株主総会の決議による第361条第1項第3号、第4号若しくは第5号ロに掲げる事項についての定め又は報酬委員会による第409条第3項第3号、第4号若しくは第5号ロに定める事項についての決定に基づく株式の発行により資本金又は準備金として計上すべき額については、法務省令で定める。

会社法施行規則 （抄）

（子会社及び親会社）

第 3 条

3　前 2 項に規定する「財務及び事業の方針の決定を支配している場合」とは、次に掲げる場合（財務上又は事業上の関係からみて他の会社等の財務又は事業の方針の決定を支配していないことが明らかであると認められる場合を除く。）をいう（以下この項において同じ。）。

一　他の会社等（次に掲げる会社等であって、有効な支配従属関係が存在しないと認められるものを除く。以下この項において同じ。）の議決権の総数に対する自己（その子会社及び子法人等（会社以外の会社等が他の会社等の財務及び事業の方針の決定を支配している場合における当該他の会社等をいう。）を含む。以下この項において同じ。）の計算において所有している議決権の数の割合が100分の50を超えている場合

イ　民事再生法（平成 11 年法律第 225 号）の規定による再生手続開始の決定を受けた会社等

ロ　会社更生法（平成 14 年法律第 154 号）の規定による更生手続開始の決定を受けた株式会社

ハ　破産法（平成 16 年法律第 75 号）の規定による破産手続開始の決定を受けた会社等

ニ　その他イからハまでに掲げる会社等に準ずる会社等

会社計算規則 （抄）

第 24 条

3　株式会社が自己株式の消却をする場合には、自己株式の消却後のその他資本剰余金の額は、当該自己株式の消却の直前の当該額から当該消却する自己株式の帳簿価額を減じて得た額とする。

所得税法 （抄）

（配当所得）

第 24 条　配当所得とは、法人（法人税法第 2 条第 6 号（定義）に規定する公益法人等及び人格のない社団等を除く。）から受ける剰余金の配当（株式又は出資（公募公社債等運用投資信託以外の公社債等運用投資信託の受益権及び社債的受益権を含む。次条において同じ。）に係るものに限るものとし、資本剰余金の額の減少に伴うもの並びに分割型分割（同法第 2 条第 12 号の 9 に規定する分割型分割をいい、法人課税信託に係る信託の分割を含む。以下この項及び次条において同じ。）によるもの及び株式分配（同法第 2 条第 12 号の 15 の 2 に規定する株式分配をいう。以下この項及び次条において同じ。）を除く。）、利益の配当（資産の流動化に関する法律第 115 条第 1 項（中間配当）に規定する金銭の分配を含むものとし、分割型分割によるもの及び株式分配を除く。）、剰余金の分配（出資に係るものに限る。）、投資信託及び投資法人に関する法律第 137 条（金銭の分配）の金銭の分配（出資総額等の減少に伴う金銭の分配として財務省令で定めるもの（次条第 1 項第 4 号において「出資等減少分配」という。）を除く。）、基金利息（保険業法第 55 条第 1 項（基金利息の支払等の制限）に規定する基金利息をいう。）並びに投資信託（公社債投資信託及び公募公社債等運用投資信託を除く。）及び特定受益証券発行信託の収益の分配（法人税法第 2 条第 12 号の 15 に規定する適格現物分配に係るものを除く。以下この条において「配当等」という。）に係る所得をいう。

法人税基本通達（抄）

（資本等取引に該当する利益等の分配）

1-5-4 法第22条第5項《資本等取引の意義》の規定により資本等取引に該当する利益又は剰余金の分配には、法人が剰余金又は利益の処分により配当又は分配をしたものだけでなく、株主等に対しその出資者たる地位に基づいて供与した一切の経済的利益を含むものとする。

（通常要する価額に比して有利な金額で新株等が発行された場合における有価証券の価額）

2-3-9 令第119条第1項第4号《有利発行により取得した有価証券の取得価額》に規定する有価証券の取得の時におけるその有価証券の取得のために通常要する価額は、次に掲げる場合の区分に応じ、それぞれ次による。

(1) 新株が令第119条の13第1項第1号から第3号まで《市場有価証券の時価評価金額》に掲げる有価証券（以下2-3-9において「市場有価証券」という。）である場合 その新株の払込み又は給付に係る期日（払込み又は給付の期間を定めたものにあっては、その払込み又は給付をした日。以下2-3-9において「払込期日」という。）における当該新株の4-1-4《市場有価証券等の価額》に定める価額

(2) 旧株は市場有価証券であるが、新株は市場有価証券でない場合 新株の払込期日における旧株の4-1-4に定める価額を基準として当該新株につき合理的に計算される価額

(3) (1)及び(2)以外の場合 その新株又は出資の払込期日において当該新株につき4-1-5及び4-1-6《市場有価証券等以外の株式の価額》に準じて合理的に計算される当該払込期日の価額

【著者紹介】

野原　武夫 （のはら　たけお）

昭和 30 年 5 月　北海道上富良野町生まれ
昭和 49 年 3 月　北海道富良野高等学校卒
昭和 49 年 4 月　札幌国税局採用
昭和 50 年 6 月　渋谷税務署徴収
昭和 54 年 7 月　国税庁税務大学校総務課
昭和 55 年 3 月　駒澤大学法学部法律学科卒
昭和 63 年 7 月　東京国税局調査第二部第 6 部門
平成 14 年 7 月　東京国税局調査第一部調査審理課主査（退官）
平成 14 年 8 月　税理士登録

〔主な著書等〕

『ケーススタディによる「純資産の部」の法人税務』（税務研究会出版局）

『資本積立金・利益積立金の法人税務 QA』（共著・税務研究会出版局）

『事例による法人税申告調整 Q&A』（税務経理協会）

『否認されないための　法人税申告書チェックポイント』（ぎょうせい）

『法人税基本通達の疑問点』（共著・ぎょうせい）

『保険・年金の税務 Q&A』（共著・ぎょうせい）

『Q&A　貸倒れをめぐる税務』（新日本法規出版）

『ケーススタディ　貸倒れの税務判断・処理の実務』（新日本法規出版）

『企業組織再編の法人税務』（共著・大蔵財務協会）

『企業組織再編成の法人における申告書別表四・五（一）の申告調整』（大蔵財務協会）

『法人税の重要計算』（共著・中央経済社）

『Q&A　合併等の税務』（共著・大蔵財務協会）

『設例解説　グループ法人税制適用法人における別表四、五（一）の申告調整の実務』（大蔵財務協会）

『法人税　別表四、五（一）の申告調整の実務　第 1 集―租税公課 圧縮記帳 剰余金処分 ストック・オプション 特定譲渡制限付株式等―』（大蔵財務協会）

『法人税　別表四、五（一）の申告調整の実務　第 2 集―売上等期間損益　子会社株式簿価減額特例　株式交付　適格請求書（インボイス）―』（大蔵財務協会）

法人税　別表四、五（一）の申告調整の実務　第3集
―自己株式の取引―

令和5年1月18日　初版印刷
令和5年2月1日　初版発行

不　許
複　製

著　者　野原　武夫

一般財団法人　大蔵財務協会　理事長
発行者　木　村　幸　俊

発行所　一般財団法人　大蔵財務協会

〔郵便番号　130-8585〕
東京都墨田区東駒形1丁目14番1号
（販　売　部）TEL03（3829）4141・FAX03（3829）4001
（出版編集部）TEL03（3829）4142・FAX03（3829）4005
http://www.zaikyo.or.jp

乱丁・落丁の場合は、お取替えいたします。
ISBN978-4-7547-3077-2

印刷　美研プリンティング株式会社